國門之都

——人文地景紀行之桃園再發現

Taoyuan City — The World's Gateway to Taiwan

陳銘磻
—文・攝影

我們不可停止對生命的探索
而一切探索的盡頭
就是再度回到原點
並對原點有初次般的理解。

We shall not cease from exploration
And the end of all our exploring
Will be to arrive where we started
And know the place for the first time.

——托馬斯・斯特恩斯・艾略特（1888－1965）

【自序】

家在國門之都

七〇年代伊始，我在桃園西邊的觀音鄉度過半年多駐守海防的兵役生涯；進入二十世紀末期，又經常跟隨救國團寒暑假文藝營隊，帶領學生出入桃園東南側的復興鄉角板山進行文學研習，或不定期帶動年輕的文學旅行團隊，從尖石鄉錦屏村、玉峰村經石磊到復興鄉榮華的大漢溪沿岸逗留，一邊賞玩山水，再從北橫公路轉進大溪折返台北。這是我對桃園最初的一點點印記。

我人生中的每一天、每一年都在不同定點活動，二〇一二年寒冬最末一天，竟在始料未及的粗率行動下，舉家遷徙到桃園市行政中心的桃園區，成為新住民。親友一時找不到人，誤判我行方不明，蓄意失蹤，親近的朋友認為我瘋了，什麼地方不好去，偏選擇搬遷到沒有名山勝水，台灣的「外勞總部」，僅擁有行車暫借過的機場大道而已的桃園。

這起即將搬演的家庭事件，對於出生與成長在台北的三個小孩，大部分時刻都保持默不作聲，冷眼以對，看我怎麼玩把戲。

搬家前一夜，我重複聆聽了好幾遍美國民謠搖滾音樂二重唱組合，保羅・賽門與亞特・葛芬柯演唱的《畢業生》主題曲〈The Sound of Silence〉，突然湧起露水徒勞的傷感在心裡緩緩低迴，歌者沉重的嗓音趁我未留神之際，在心底輕輕撒下了「你，已從台北畢業」的因子。

忽然闖進心門，無力抵擋的傷懷，使我靜默無語。

把遷徙當成旅行目的的人，某種意義解說，或許稱得上幸福，不過，搬遷的同時，實際也背負了必須面對無法預料的新生活考驗的風險。

過去以來，我就不是個善於盤算的人，甚至不知道為什麼會在後中年時代，糊裡糊塗變賣住了二十餘年，台北市昂貴地段的房子，讓人無從理解地遷居桃園。其實我心裡更苦，什麼原因都沒法清楚表白，就算不善調理家計生計，也不想拿搬家這種平常事大做文章，心頭悶不悶？雖然如此，我仍不懂為什麼凡事必須弄清楚才算理智，不弄清楚就不完美嗎？

再見了，台北的朋友，我們從青春未暮的金色年代便認識好多年了，曾經一起出沒城南的金門街、汀州路、溫州街，一起工作到深更夜半，一起發想出版和行銷的綺夢。我們曾碰觸驚慌與爭吵，熱鬧地參與文學盛行的年代，經歷經濟低迷的歲月，從而堆積了深厚的友情，這些都已成為過往雲煙。再見了，朋友，不能時常過去找你們聊天了，道別是如此易於添傷懷、增思量，如此難以啟齒，我會依依不捨。民生社區的那個人，大直北安路的那個人，還有……，就不再一個一個話別了。

再見了，羅斯福路，春天的氣息如是洋溢，當飛鳥在木棉花道歌唱，我想起和孩子們騎著單車在師大路、浦城街和雲和街的巷子四處穿梭的往事，許多的熟悉、快樂或單純，我曾試著分辨那是去年或更久遠的事，但都無法如願以償。那間永康街左撇子炒飯的小飯館搬到哪裡了？我買文具用品的金興發商號還在嗎？日子怎麼就這樣匆匆錯開了，不見了，像季節更迭一樣消逝無蹤。

後來，我只好憑藉想像力，寬慰自己，倘若台北的朋友有機會聽到桃園這兩個字時，大概會想起我來，「喂，桃園，陳銘磻現在的家在那裡啊！」他們或許會這樣想，而這一定讓我很開心。

坦白說，搬到桃園初年，我不免會左右為難地採取欺瞞自己的方式，說，這不過是一場生活經歷的體驗。正如走過最常出現的南平路，許多陌生的聲音從我身邊流過，每次都不一樣，而且不再回頭。在這種情況下我要抱持怎樣的心情面對未來每一天的生活？生老病死、喜怒哀樂的事態每天都在變化，我該如何籌算？如何明白？就算回到家，沒有熟悉的感覺；就算待在屋裡，也像是在作客，想起在台北生活了四十多年的歲月，有時還會暗自神傷，臆想自己並不適合居住桃園。

無端嘀咕些一時糊塗搬遷桃園的喪氣話，我卻在唏哩呼嚕的近四年時間，出版了個人第九十三到一〇三冊的書籍，寫作成績看來可觀，至少這也算是一種不必附加找些什麼藉口埋怨的最佳狀態。

我就是這樣想，才把自己從矛盾的情緒中救了回來。

我想起日本幕末英雄坂本龍馬說的話：「旅行會教導我們世事」。許久以來，我和身邊的每一個人不都在世間進行人生之旅嗎？多年後，我在新居寫了好多冊關於文學旅行的書，也拋擲不少會引燃自己不快樂的念頭，心情倒是變得輕鬆許多，現在，我想說：「旅行會讓人暫時忘記煩惱的人間事」。我既沒有能力改變世界，也不想改變自己的世界，人能夠生存的空間就只這麼點大，便是閱讀、工作、吃飯、聊天、睡覺、生病、終老，或去旅行，是啊！也僅能用旅行來詮釋人生了。

實際上，越是我想認識的世界，跟真實的世界總是相距遙遠，這些年來，我最常出現在桃園空港的一、二航廈，蟄居寫作的首璽社區，以及常去外食的中正路和南平路了，故事雖然有點長，但很有趣，後來我終於體會到，這座過去被稱作工業城，如今搖身成為高樓華廈林立，擁有國門之都氣勢的田園城市，這些年來，一直朝文明化建設，多方興革，既能用心保存古舊眷村與百年古宅建築，又懂得構築新興希望，奠立民俗、文化與藝術的新風潮，而生活機能或居住環境看起來就是這麼回事，還不壞啊！不是嗎？

現在，我已經能如意地說出，無論花幾年，還是幾十年，我都要在這裡這樣活著。

那倒是真的，我便是在這種情緒起伏不定的茫然中，舉家遷移到看似陌生，事實也證明的確一無所悉的桃園住了下來。無獨有偶，也是在這樣複雜的思維裡轉換心情，輕鬆寫作。首璽社區清幽的環境撞擊我從中得到不少靈動的想法，幸虧美好，我才能把寫作每一本書當成生涯最後一本，那樣誠懇的態度看待，因而感到特別暢快淋漓，寫作起來也格外用心。

我想起在桃園過活的第三年春天，聯合文學出版公司出版了個人編號第一百冊的書籍《跟著芥川龍之介訪羅生門》，這本書同時也是我創意寫作的十二本「日本文學の紀行」的最末一冊，這些書是我從日本經典文學著作中尋找地景素材，進行系列文學紀行的創作，全書寫來十分艱辛，但卻充滿難以譬喻的成就感。於是，就有朋友問起，然後呢？完成「日本文學の紀行」之後，你還能寫些什麼？這樣吧！回歸台灣文學地景的書寫，如何？

這個提議聽起來有些強人所難，「可以了吧！都寫過一百本書了，還能寫些什麼？我只想讓後中年剩餘的少許時間，在首璽社區好好過日子。」不過，後來我還是認為「如果要寫，就報導如今居住的桃園情事了。」例如呢？桃園到底有多少文學地景可以觸動我提筆？想了一下，大概只有鍾肇政的《魯冰花》和《插天山之歌》最出名了。除此之外，關於以桃園為背景的小說，還有沒有其他精采的故事好讓我進入文學旅行的世界慢慢探索？

一個人沉思，卻生痴笑，考慮思量了一陣子。起初，我好比抱了個救生圈，不斷在腦海裡呼喊救命，「素材夠不夠？」「會不會覺得遺憾？」「有沒有能力完成？」不，後來我並不這樣思考，草木榮枯似人事的世間，縱使桃園少有文學地景，我一樣可以用新鮮人的好奇再創意、再發現桃園美妙的人文地景。

我把這點想法傳遞給引發我寫作人文桃園，對這本書頗多期許的文化局長莊秀美。所謂人文，不就是人類對哲學、文學、藝術、歷史、語言和自然的情感傳輸？我以國門之都一介新住民，從最初熟識的中正藝文特區出發，走訪東南方以達觀山、角板山聞名的復興為範圍，橫跨西北方觀音、新屋海岸為界的桃園臺地，傳達我對這塊土地見識到的人文狀態。

做不到的事越簡單就越失落，或許我會成事不足也有可能，比起在地桃園人來說，我所能認知和理解的桃園文史、桃園人或桃園事，絕對無法與之比擬，不過我還是必須說，既然有幸共同生活在這塊多風、多霧、多埤塘、多新住民、多藝術家，隆冬季節山脈偶而還會飄雪的沃土上，我是沒有理由讓自己的靈魂光是不動地飄浮在文學抽象的領空啊！

最終，我選擇以「報導文學就是實踐文學」這個具體概念和實際行動的態度，從新住民眼下所見的舊民風新桃園，完成「人文桃園再發現」的書寫任務。

目次

▲清代桃仔園地圖

桃園，踞台灣西北部。大清時期，一片荒草野地，稱「桃澗堡」，隸屬淡水廳，後稱「虎茅莊」。一七三七年大規模屯墾，東自龜崙嶺（龜山），西達崁仔腳（內壢），北起南崁，南至霄裡一帶。因有移民遍植桃樹，花海茂密如雲，乃稱「桃仔園」。日治時期，一八九五年至一九〇一年，桃園屬台北縣。一九〇五年桃仔園廳更名桃園廳。一九二〇年，桃園及新竹合併為新竹州。一九四五年，新竹州改名新竹縣，縣治遷桃園。一九五〇年，新竹縣分桃園縣、新竹縣、苗栗縣三縣自治。

二〇一四年十二月二十五日改制直轄市，名「桃園市」，原縣轄鄉鎮市一併改制為區，置有十三區，北桃園：以閩南人為主的聚落，包含桃園、龜山、八德、大溪、蘆竹、大園，桃園區為核心。南桃園：以客家人為主的聚落，包含中壢、楊梅、平鎮、龍潭、觀音、新屋，中壢區為核心。原住民區：原住民聚落，以復興區為主。

市花：桃花。市鳥：台灣藍鵲。

園支廳
廳直轄
三角湧支廳
中壢支廳
廳
大嵙崁支廳
竹圍區
大坵園區
石觀音區
南崁區
龜崙口區
埔仔區
桃園區
大崙區
中壢區
新屋區
樹林區
鶯歌石區
八塊厝區
宋屋區
成福區
三角湧區
楊梅壢區
安平鎮區
員樹林區
三層區
龍潭陂區
大嵙崁區
銅鑼圈區
三坑仔區
石崗仔區
咸菜硼區

出生清代，成長於日治時期的桃園漢學家邱筱園，先祖渡台後，原居新竹，後遷桃園八德，因生活故，父親舉家徙居龍潭高平村。早年加入桃園吟社，作品多發表於《臺灣日日新報》、《詩報》，傑出的詩作得到肯定。明治四十一年所寫〈桃澗曲〉描寫桃園景致：

花徑藏春色，茅齋寄老龍。閒來山水癖，認得幾株松。

清代出生台南的進士施士洁的詩作〈桃子園〉，寫出當年桃園客家庄的特色：

茅店鬻田具，柴門當酒壚。穿牆松幹古，近水稻花腴。
浣女沿溪跪，村雞上屋呼。書聲出深竹，入耳半娵隅。

清代出生，日治成長的吳汝蘭，在〈桃仔園竹枝詞〉裡，關於桃園的描述：

客家村落最勤勞，鋤草翻泥悉力操。偶或山歌沿隴起，春情脈脈在相褒。

▲日治1915年桃園廳地圖（未含復興泰雅原民區）

首璽社區大樓

客居桃園

中埔一街／同德十二街

一時糊塗，我在後中年時代憂喜參半地搬遷到這座陌生的城市，並不意味我喜歡流浪，只是對無得無失的人生舉手投降。

客居桃園

這件事發生在二〇一二年冬，天氣酷寒，彷彿潛藏著某種難以逆料的不明確，正被即將失去的時光殘影緊緊束縛，就像風吹過樹林，樹木可以清楚感受到流動那樣，我和家小面面廝覷，看守住台北羅斯福路二段「狀元吉第」舊居的最後一天一夜。

生活了二十餘年的房舍已然被我非真實的「尋找幽玄」，一段冠冕堂皇的說辭變賣遺棄，就連最起碼應該依依不捨的心情都讓冷颼颼的天氣遮掩，總是這樣，沒有欣慰，沒有咆哮，僅剩一點淡淡的晦澀離愁。

要坦誠說出搬家的確切實情似乎有些困難，越是想隱藏沉重的情緒，我的心思就複雜起來，索性不去辯解或說明。不過我還是會這樣想，這種紛沓更迭的變動年代，搬家換屋或許不是壞事，至少還可以藉機棄擲掉某些實在不想記憶的過去，遠離不想附加的牽絆，從而得救枯燥無趣了幾十年的自己。

▶雅靜的咖啡廳

▲峇里島風情的中庭

清冷的黃昏，三個孩子各自在房裡靜靜做著自己的事，所有要運送的家當，一箱箱堆疊整個客廳。嗯，沒事。我深深吐放出一口氣，憂慮情緒倏忽被低氣壓波動吸走消失了。

今後會變成怎樣誰也不曉得，但對長大成人的孩子來說，搬家形同惡意抽離他們原有的生活習性、決絕切斷既有的交際圈，把他們所有的過去都送進徬徨的記憶裡。

或許應該說，當推開一扇又一扇的季節之門，好比見到每一段成長的歷程，充滿形形色色脫落的軌跡、失落的尋常、迸裂飛散的日子；說不定這個殘冬過後，我們可以再造一段鮮明的新記憶也不無可能。我想。

實在猜不透孩子懂不懂我的用語和用意，不留不處，這一次我們將從交通便捷的台北大安區搬遷到好似田園鄉間的桃園，過簡單的日子。

這是我和他們母親的意思決定的。他們的母親喜歡上桃園的幽靜、樸實和緩慢。

「如果不稱心如意呢？我們是不是還要搬回台北？」孩子冷冷地問。

「做台北人有特別高尚嗎？我在台北住了四十年也不曾擁有多麼偉大和驕傲的信心。」我答，「如果這次的『移民』犯錯，就當成是我未經長遠思慮的私心不良。」

台北不是實現夢想的地方，台北是讓人忘記自己沒有實現夢想的地方。

也許我還會自我調侃地說，搬到桃園住一陣子就好，馬上回來。事實是，可能再也回不去台北了，然後只能無聊地在桃園住家敘述四十年輝煌的台北時代，「住在台北的時候如何如何啊！」「住在羅斯福路的時候如何如何啊！」這樣。

人不可能一輩子指望夢想而活，房子既然賣掉，我們已經回不去了，所以只能選擇相信自己，相信放棄糾葛就等於邁出新的一步，而放棄也不是什麼了不得的事，只要面對現實前進就好。

這裡呀……比台北還冷，秋風，比新竹還要強勁。我住的「首璽」是個幽靜的庭園社區，坐落街尾，鄰近一所國小的運動場，樹叢庇蔭，綠意盎然。社區聚集不少從台北和鄰近城市搬過來的青壯派菁英，看來十分朝氣，逢人禮貌招呼，形成一個新住民的「皇家特區」，令人覺得心頭暖暖的。

對這個社區來說，我是新住戶，一切感覺陌生，凡事從零開始，心中不免湧起許多好奇。

新宅寬敞的起居住所，三個成年的孩子各擁一間臥室，歡喜了卻心願，我還刻意在每間房門掛上刻有他們名字的「名牌」，不嫌麻煩地區隔出個人空間。等到把所有傢伙安定就緒，隱然看見樓窗下方，一座峇里島風情的中庭，風生水起，雞蛋花樹挺立直聳，路靜悠然；穿過社區，國小運動場的上空，五楊高架橫在眼前，看似近，有點距離，天空時有飛機忽忽翱翔經過；再過去蘆

◀寬敞明亮的圖書閱覽室
▶沉靜的日式冥想室

竹那個方向，就是坐落大園的桃園空港，就是浪濤滾滾的台灣海峽。

老實說，搬遷新居起初，我還沒什麼自信認為自己能夠安心住下，半夜醒來，覺得這裡太安靜了，沒有惱人的汽車聲，連小孩的嬉鬧聲也不見了。因為太安靜，反而容易醒過來，僅只聽見風吹過的聲音，以及吐納的呼吸聲。

一個月之後，一年之後，相安無事的跟孩子一起穿越陌生的新居生活，養了一隻貓，替她取了個「多多」的名字，種了幾盆花，空閒時到社區咖啡屋吃鬆餅、喝咖啡，坐在長廊的藤椅上聽管理中心播放的西洋老歌或台語歌謠，到峇里島式的庭園聽流水聲，夏季到泳池間戲水，冬天到撞球室打球，到圖書室看書，春天到日式冥想室看石子、賞櫻花，沉思、養精神，心安真好，平安最好。

樓窗旁邊是我專屬專用的陽臺，白天擁日光，聽蟬鳴，看綠樹；夜間沐浴月光，聽蛙鳴，賞對街新廈華屋的光雕。城市稀有的田園風情，我在這裡看書、寫書、曬書、當貓奴；許多念頭、詞句、畫面，都從靈光乍現滲出，我打定主意，開始喜歡後中年這樣過日子，這樣細數腦袋裡一個接一個的新夢想。

◀悠閒的音樂廊道
▶撞球間活動

現在，我習慣聽見午後四點左右，樓下清靜的馬路傳來學生放學的喧囂聲。小學生的吵嚷使我想起在外地工作、求學的女兒和孿生子。以前，他們也是這樣嘈雜，打鬧不休。

我努力適應新環境，學習喜歡料想不到的「鮮活桃園」。許多日子下來，大致明白人生是眾多不完美的組合，只要能持續採取不必刻意回顧美好與困頓並行的過去，或許也能學習到如何誠摯面對現狀的勇敢和態度。如此說來，搬家一事就不足以構成什麼甘苦的因素了。

我問孩子，落籍成為桃園人跟「我是台北人」有何差異？人生本是一趟不長不短的旅次，社會不斷變遷，就像變化無常的人生，所以，每一次好好想一件事，做一件事，每一次好好處理一個要緊問題，然後再慢慢找出答案，即便能安撫「外地人」那一顆不安定的初心。

「不去面對，一切都不能開始。」我是這樣想的。

年少時代從出生地新竹市搬遷尖石鄉部落，再移居台北市都會，直到後中年一時路過桃園，成為新居民，說明白一點，這跟所有人同樣呼吸著海洋

空氣，毫無二致。

沒錯，應該就是這樣。

人是為了尋找活出幸福的答案才存在當下。過去，只是生存過的證明；如今，沉寂靜觀寫字桌窗口對街，學校操場斜披的群樹綠波，眾聲寧謐，有風吹來，靈動不已，我用空寂的寫意心情，在電腦桌面一字一字敲打出心中想說的話，想講述的事，就是因為怕怎麼掉下淚水的記憶消失，所以才把沉沉的心事寫下來。

搬進桃園的第一個春日午後，作家朋友林文義特意前來新居作客，饋我三架日本航空模型飛機，示意我的後中年生活再度「起飛」，搭載平靜與滿足，縱情地向前飛行。近四十年情誼，經常深夜通話長談，所聊所涉皆文學與寫作；就在首璽社區的咖啡屋喝過午後紅茶，作家特別在我從日本帶回來的一對掛軸式的畫仙紙板，留下全家人的生肖漫畫，我則回贈從熊本市夏目漱石舊居購買的筆跡稿紙一冊。

那就是我，那就是林文義。

▶靈動文學創作的陽台

人生像禮物，要用期待的心情慢慢打開。如果能帶來好氣味的友誼，比帶來壞結果的魯莽，容易誘惑人，我寧可選擇一次熱絡的衝動。這該是血液裡那股自以為浪漫的激情因子作祟，絕對不是偶然的創意構思。

三年多來，無虧風尚，我努力想要在新居環境認識什麼，這和實際認識的什麼，彷彿橫跨了一道鴻溝。不管怎樣？不管什麼理由？什麼目的？我就是不能也不必再去探究為什麼非要唐突搬遷到桃園這件充滿魅惑誘因的事了。

二〇一六年夏，日子沉靜，陽臺日光依然燦爛，我在桃園過活，逐漸把台北四十年歲月，活躍或悲懷的過去埋藏起來，好似回到生命原點。

▲▲作家林文義專程來訪
▲林文義親繪漫畫相贈
▼林文義餽贈三架模型飛機

首璽社區水景色

這麼美的雨這樣下著

合雄首璽社區

無止境的寧靜中，時光到底溜掉多少？我在歲月不斷複製沉寂的日子，慶幸遇見了一些人、幾位年輕的社區管理委員，敲開愁悶。

這麼美的雨這樣下著

桃園的公園綠地何其多，大街小巷很難不見在寬敞的草坪悠哉遛狗的中年人或逗貓的婦人。

孩子的母親幾乎每天逼迫我必須出外到藝文廣場散步，說來好聽，就是要我不著痕跡地認識環境風貌，探究民情，如此而已。菜市場在哪裡？從住家到火車站多遠？永安漁港在哪裡？中壢怎麼去？台茂購物中心又在哪裡？這是搬到桃園後，她僅有的喜好，我卻提不起一點興致，只顧把自己隱身在書桌前，沒入沉寂。

如今的我，身處在無可替代，無法重來的日子當中，心情怎麼也朗暢不起來，台北奔波忙碌的日子不復重現，以後想起來，大概會因為當下太過暗淡而落淚吧！

「南平路新開一家日式料理店。」我一點也不關心。真的。

從來我就不是那種能夠爽朗面對新環境的人，現在一樣，我相信不管走到哪裡，看到怎樣的景色，同樣文風不動，感覺冷漠。進入後中年，我只想在石川啄木《一握之砂》的幾首俳句裡，寄予夢想，尋找自己的樂趣。

真正的問題在於，我對桃園甚少印象，想到出了門，走到鬧區，汽機車和攤販橫七豎八停擺在安全可慮得有點恐怖的人行道，我的心就累。起初，我還像個無知的小孩，怎麼都不想走進擾嚷的餐廳吃飯，討厭搭乘服務態度和車況極差的桃園客運，還有厭惡那鄉巴佬乘客，一副旁若無人，盡情盡興發出叫人聽了難受的高分貝的嘰嘰喳喳聲，每聽一次，我的心情就跌落得非常悽慘。

噓！可不可以安靜點。

我開始像個脾氣古怪的老頭，只顧心裡咕噥著，人們聊天卻不談心，只用嘴巴交談而非用心聆聽。我只好把自己當成聾啞，與任何不熟識的人保持距離，把面對新環境和面對人，界定在生活之外，盡量不隨便與人攀談交心。

歲月悄然門前過。某天，原來晴朗得使人心情愉悅的春日午後，沒有一

◀邀請作家歌手范俊逸在社區中庭舉辦仲夏夜音樂會

片雲的首璽社區的中庭上空，忽然飄下斜斜絲絲的細雨來，明晰的雨絲透露淡淡的光芒，空氣無塵無垢像樹林搖晃的枝葉一般緩緩流動，挾著春天特有的薄薄水氣，整個天空的藍光一點一點地微篩下來。

我坐在陽臺看著這一幕，整個人就像冬眠已久的黑熊，突然甦醒過來。很久沒這樣眺望天空了，我不清楚桃園其他地區的雨是不是都下得這樣慢慢吞吞，這樣美？與其這樣問，不如說是藝文特區這個新興住宅區，因為豪宅高樓林立，道路更新，街道樹特別茂密，所以風吹雨絲也不致感覺空氣中沉積微細的塵埃，總之，這一天這場不經意出現的短暫春雨，穿透我的心清清爽爽。

有些語言像無聲落下的雨滴，只迴響在沉默的土地上。

我應該有所覺悟了，現在生活在這裡的我，是過去的自己選擇的，想太多或是既定的意識太過強烈，也許就要生出心理疾病來。事到如今，不管走到哪裡，我已經沒有什麼東西可以失去了，只能知命安身地活著。

一個人活著的表現，是他努力活過的痕跡，也許看不見，也許很快被遺

▶文化局莊秀美局長熱心參與社區人文活動
（攝影／廖聰志）

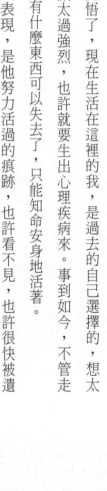

忘，但是一定會留存在心底，在一些人的印象裡。

這是我想的，不過有人卻告訴我，新居民不必這樣思慮，應該用誠懇的態度構築新的人際關係。桃園人生活得很自在，很謙和，升格成為直轄市之後，為了改變素質，政府和人民不斷傷腦筋，尤其對於新住民和舊居民的融合，以及如何創造足以引人注目的新都市景觀的印象，政府單位特別苦惱，那怕只是一點點，也想變得比過去更成熟、更沉穩。

真是這樣子嗎？

不，或許居住在這座城市的人，心裡根本不存在素質的意識也說不定，偶而遇見一些陌生人，看來仍保有樸實的外表，不管他們出現在歐式風格的高樓或平房，甚至到處可見的埤塘、田埂、土地公廟旁，這些人的身上包羅了都會與鄉野兼具的矛盾特性。即使這樣，我的心底仍舊留有不易消失的牽絆存在。我想，若要在這裡好好過活，就必須先從撒下一粒歡喜的種子開始。

環境改變，心境未變，老是想著回頭，這樣行不通，那是很糟糕的固執。

好吧，就算胸膛深處那顆容易變動的心，再怎麼脆弱，只要遇到碰撞，

◀住戶一起寫春聯過春節（攝影／廖聰志）

▲田園畫家賴思方指導社區學童繪畫（攝影／廖聰志）

或許也會有新念頭的臆想，進而產生正向能量的可能性。其實，正是那一場午後春雨落到我的玻璃心上，拯救了我的意識，現在的我才能這樣真心認為，到桃園首璽社區當個新居民，說不定能有不一樣的新氣象發生。

首璽生活第二年，我在社區的區權人會議，毫無防備的狀態下，不意被選入管委會，擔任行政委員。話說回來，不懂拒絕的狀態，使我的情緒像十一月的秋風那樣，糾結不明，糊裡糊塗走進一群以青壯年為領導的陌生團體。

看上去年輕有為，個個富於專業才智的委員們，讓我生疏許久的頭緒忽然又緊繃起來，我很想從容退出這個團體，試著離開，但攔擋不住的事實是，我居住的D棟已經沒有其他候補人選了，若是容我缺席，這個團隊便殘缺不全。

「我懂了。」隔著橢圓形會議桌，好像電臺主持人的訪談一樣，我們面對面輪流講話，很有秩序地表達意見，談電機維修，飲礦泉水，對完全不懂機械的我來說，那真是一場枯燥乏味的會議。

未及認識這個社區的特質，直覺一幢優雅的高樓社區，怎麼能夠沒有人文氣息，我試著隨口提議「何不成立首璽人文學堂？」每個月舉辦一到兩場活動，象徵把人文種植在社區裡，運用專題演講、兒童寫作、蚊子電影院、庭園演唱會，冀望豐富社區文采。料想不到，十幾位委員在主委林峻楓的帶領下，同意我的見解，使得我的情緒逐漸平穩下來，就如採光的窗戶，月光悄悄出現。我相信，我能做得到，不，我能做得更多。

學醫行醫，辭令俐落，性情明朗，為人親和的年輕副主委游翔鈞說：「我們是一個團隊。」從事電子業，行事機靈敏銳的監委廖聰志說出了管委會成員共同的溫暖心聲：「我們希望，家，從進入社區開始。當踏進社區大

◀與管委會主委林峻楓（右）副主委游翔鈞（左）執行社區人文活動（攝影／廖聰志）

門，就是回到家了。」這樣的人文論調，叫人聽了不禁驚喜，讓我初入首璽社區，一心想歸隱靜謐這回事，因為加入管委會，對新居的歸屬感猝然熱絡起來。這樣就好，我相信自己能如願完美地完成想做的事。

後中年歲月，老而不服輸，一年間，邀請民歌始祖洪小喬講演「下一句話該怎說？——如何跟孩子對話」、作家愛亞講演「味蕾唱歌——如何煮出好滋味好養生的美食」、歌手范俊逸主持「夏夜庭園民歌演唱」、遠從尖石鄉水田部落過來的藝術家賴思方指導「畫我首璽」，連我也顧惜不了顏面，當起志工，理所當然教學作文，要孩童們「寫我首璽」。

委員任期結束前，我們還共同設計了「首璽中秋月光園遊會」，把廟埕的庶民文化，武術表演、蚊子電影院、烤山豬肉、烤香腸、爆米香、龍鬚糖、叭噗、炒米粉……等小攤子搬進峇里島風情的中庭，一起與社區住民同樂。

九月下旬，天氣清爽的周日黃昏，桃園文化局長莊秀美專程前來首璽陪伴住戶憶童年，共同歡度中秋月光園遊會。文學造詣頗豐的「民謠立委」邱垂貞也從大園老遠趕來助陣，展露吹奏〈梁祝〉口琴的才華；整個園遊會，

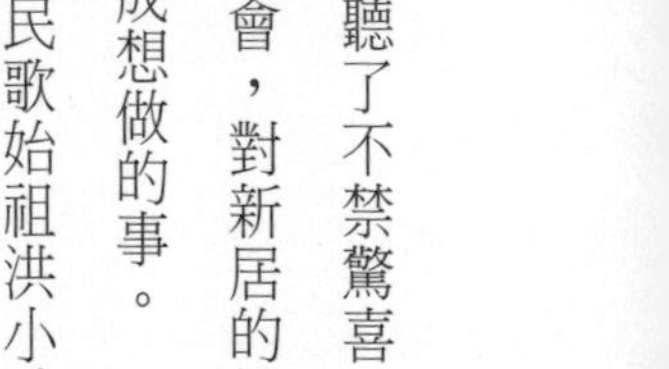

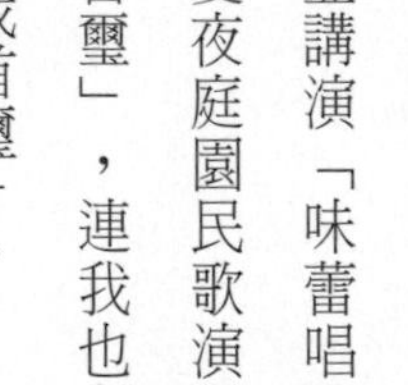

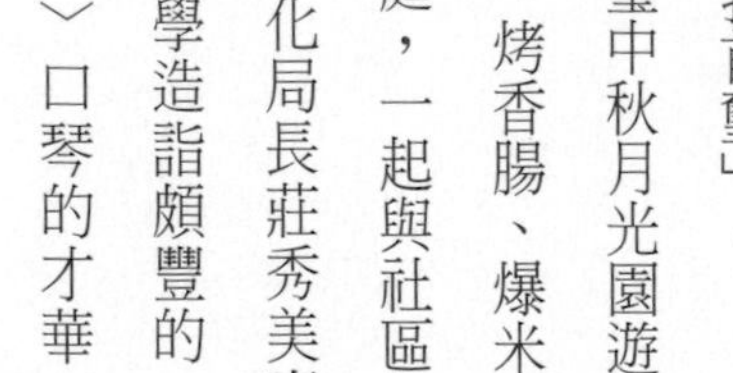

兩百多戶住民赫然出現三百餘位，齊聚中庭，萬頭攢動地參與盛會。

「文化」二字太沉重，美好的人文反而易於讓原本陌生的你我，透過交流，拋擲冷漠，熟稔起來。後來，經過這一次的人文洗禮，一切的一切都顯得緩和許多，不免要問，是怎樣的因緣得以讓我和幾位才情洋溢的年輕委員在首璽這座美麗的城堡相遇、相識？

能在最初陌生的環境遇到幾位有所作為的住戶委員，真好，他們是我遷徙桃園後，新結識的朋友。才多久時間，我在桃園遇到了很多人，也遇到不少從台北搬遷來的人。噢，我也讓少數桃園人認識了。

腳不想移動了，鞋子不想走了，它們站在峇里島庭園的雞蛋花樹底下，逐漸長出人文影子，使眼淚滑落臉頰成為星星，過去揮之難去的疏離感就此穿越柔和的月影，消失無蹤。

我在哪裡啊？家鄉的定義天馬行空，隨時空更迭；時至今日，終焉明白，從新竹人、尖石人、台北人，成為桃園人，我的肌膚已染上桃園的晚霞，一片黃澄澄的顏色了。

▶左一 把廟埕庶民文化搬進社區（攝影／廖聰志）
▶左二 前立委邱垂貞為人文活動吹奏〈梁祝〉口琴（攝影／廖聰志）
◀維護社區安全的武術表演（攝影／廖聰志）

首璽社區的櫻花

這一條繽紛的櫻花街

莊一街 / 同德十一街 / 中埔六街

如同初春日影一般祥和的午後，我無聊透頂地從同德十二街，一個人散步走到莊一街，意外撞見櫻花盛放，看到街景之美。

這一條繽紛的櫻花街

人的記憶並非用來記錄事實，而是捕捉印象，記憶本身是會逐漸遺忘的。

年歲增長後，能夠回憶起來的事越來越少，即使想要把前塵舊事逐一記下來，都需要動一點腦筋；然後在某一天突然發現真的已經忘掉許多，怎麼也沒辦法取回過去，才不得不停止迷惑，從心所欲地將每一個成長年代，眷戀嚮往或是苦心經歷的生活姿態，輕巧收藏到無論多麼不想忘記，但終有一天或將完全被遺忘的文字精靈裡。

覺得悲傷嗎？

或許會吧。

不斷重複的諸行無常，使我確信越是接近櫻花盛開的季節，我的精神世界將隨之產生莫名的惴惴不安，總覺得昨天發生的事好像前年也出現過，去年出現過的事好像明天又會發生。已經好幾天了，我在陽臺看見首璽社區側門那一棵櫻樹，從櫻花瓣間隙撒下的日光，直接落入櫻坂，說明春天真的就要來了。這種景象，去年見過，前年一樣如此。

盛開的櫻花非但不會替我帶來喜悅，反而加深我對生命的變化產生惶惶然的恐懼憂慮。不喜歡改變，然而生命不會因為個人的期盼而停止變化；那是每一年春天都會發生的事，櫻花盛開一時，美麗一時，一週、兩週，隨即消失無影，徒留一樹的新綠嫩葉。

無法用情太深，是因為脆弱。雖則，我很想為這種與生俱來的薄弱情感

▲莊敬國小校門左右側的櫻樹步道

找尋紓解的出口，但不管怎麼做，覺得背負感情活下去的人生，很辛苦。而櫻花所象徵的生命態度，既似無奈地跟大地妥協，又像是飄瀟自由，對滅絕悍然不屑一顧。

正值後中年的人，是不是都會這般那樣意識到青春消逝恰如櫻花飄落，必須徹底而毫不留情地割捨掉顧不得許多的癡迷妄念？生命的旅人啊！我習慣把心事寫在季節的花牆上。

「人是為了認識和了解生命而存在世間，為了留下愛而編寫人生。然後，這些存留人世的愛就會永遠延續下去。」真是這樣嗎？人這一生的福氣，是前世修來的，今生的努力，不是它的因，而是來世的果。假如這種作為也算是人世間的真實之美，那麼就讓賞櫻、坐等櫻花飄落成為另一種進化的幸福。

我想起演員竹野內豐在日劇《再一次求婚》說：「櫻花每年都會來看一次賞花的人，來看一下人們過得好不好。」又說：「離開人世的人都會化成花瓣，所以櫻花才這麼美。」我意識到，不管在遙遠的山林荒野或在雨中，花朵剎那生起，生已即滅的凋零，果然變化無常。

為了不想在日後的生命歷程，留下任何遺憾，我總不能老是背對著世界，蒙住眼睛，摀起耳朵地寫下在桃園生活，種種奇妙的回憶吧！也許真正值得期待的，不是回得來或回不來的過去，為了繼續前行，凡事總要一天一天進步，有些過去必須狠下果斷地捨棄放掉，而幫人割捨的不是手，也不是成熟，而是突如其來的覺醒。

適巧我居住的藝文特區，許多新設街道巷衖的人行道種植了不少櫻花樹，我真的無從理解，為什麼這座城市會有這麼多台灣山櫻、日本吉野櫻，就連首璽社區旁的莊敬國小和鄰近南平路的同德國中校門，櫻花盛開長廊兩側，使人打從心底歡喜。當櫻花季蒞臨時，我經常散步繞過校園圍牆，走到那一條櫻花樹嬌花繁盛，香氣蓊勃的馬路，詳詳細細看街景。

除了復興區中巴陵櫻木花道的昭和櫻、墨染櫻、千島櫻，拉拉山恩愛農場的富士櫻，以及石門水庫、角板山行館的櫻花盛景，很久以來，沒多少機會可以在都市看見這樣的風景了，這一刻，我終於能有幾分閒情逸致獨見桃

◀同德十二街的櫻樹道
▶同德十一街櫻花景致

園美的角落了。

不過就是同德十一街、中埔六街，中埔一街、中寧街、莊一街、敬三街，當我經過那裡的時候，光影投射在路街、櫻樹，那裡有我，我暢快地看著台灣山櫻和吉野櫻紛紜綻放，心裡發出啪嗒啪嗒的聲音，胡亂想著，莊一街應該改名櫻花街，莊敬國小改成櫻花國小，藝文特區改名櫻花特區，這樣，優雅的人文氣息就會濃重起來。

這幾條悠然恬靜的馬路，是桃園少數可以安全地慢慢走路的人行步道，我所能看見的街景，除了櫻花樹、並不熟識的路樹，便是雅致的歐式風情的建築了。走到莊敬國小校門前，可以清閒地沐浴在春風吹起時，櫻花雨嘩嘩飄落身上的奢侈華麗，那種淋漓櫻花雨，濡染大痛快的感動，像魔法咒語一樣，可以讓隱藏在精神底層的惶惑情緒，一下子散失無影。

等待櫻花飄落，是風的職責，也是我的期盼。看見綻開在藝文特區的櫻花，我不再如同過去那樣，迷戀櫻花飄落的死亡意象，甚或不敢仰視它那莊嚴神聖，令我目睹後心碎的美貌。

▶首璽社區的櫻花景致

▲敬三街林蔭大道

只在短暫的一段時間，被人們瘋狂迷戀、追捧，一旦花落土地，開出新嫩綠葉，連一點風吹草動都不必留存，很快又被人們忘記的櫻花樹，我了解那種被遺忘的感覺。

櫻花哲學不就是一年只要有一次能被人們想起來就夠了嗎？

花開了，風停了，天急著要亮了。現在飄落的花朵，一定不知道一年後的此刻還會重新盛開；明年綻放的花，也一定記不起來今年被風絕情飄落的事。

生命如果認真，就沒有時間長短的問題。藝文特區的櫻花樹長在莊一街，在首璽社區的庭園，她們渾然記不起來去年花開繽紛到底什麼樣貌，卻是每一年同樣季節都會無怨無悔地過來散播飄逸。安靜地活著，安然地消逝，當春季過後，就再也想不起什麼來了。遺忘，是溫熱的幸福吧！

事實上我能記起來的事也所剩無幾了，台北生活，華麗或蕭瑟了四十餘年，如今，竟還可以在寫作空閒，散步到桃園藝文特區歐式的街道跟櫻花樹約會，使人不想興奮都很難。

那是早春的清晨時分，我嗅聞到街樹飄送過來的櫻花氣味；日本民間傳說，每一棵櫻花樹都住著一位仙子，那是雪融之後最先盛放的短暫花期，被比喻成揮別失意的過去的芬芳淚珠。這種難以置信的傳說，純然意境，我卻義無反顧地一頭墜落下去。

桃園的樹很多，到處可見綠地，風咻咻地發出聲音，這一個春日上午，朝陽早已高高升起，漸次暖和起來，我又漫步走到莊敬國小，校門口未見人影，一片沉寂，忽然想起五十歲的年代，經常搭乘班次不多的新竹客運那羅線，走一路顛簸迂迴的山徑，前往尖石鄉的那羅部落，任性地跟鄉長雲天寶

◀莊一街中悅藝術廣場綠林步道
▶同德十二街林蔭步道

一起夢想用種植櫻花樹的方式，復原那羅部落在日治時期以「錦屏觀櫻」聞名的盛事。

年輕時代，我曾在錦屏國小任教，部落裡的人都叫我陳老師。

放浪部落多年的生涯，我和雲天寶、企業家劉明創用植櫻的信念為部落創造文學地景，創建了那羅櫻花文學林、那羅文學屋、那羅花徑文學步道、那羅詩路，讓她們成為向這個世界發出可以把文學種在土地上的訊息。

好比擁有陰翳心情的人，就只會做陰翳的夢一樣，做正確的事不一定能使人幸福，但不去做，就沒法為人們帶來可以得到幸福的契機。那羅部落如是，櫻花文學林如是，照這情勢看來，復原美麗的錦屏觀櫻的夢想必然也是可以實現的。

也許這是一種思慕吧，春天才剛剛到來，我就迫不及待地被首璽社區和莊一街的櫻花樹誘惑過去了。設若每一年櫻花盛放的季節，我非得如此迷懵地坐在社區冥想室看櫻花盛開，聽鳥語啁啾，我那冒冒失失搬遷到桃園來的不安定感或許才有可能完全消失。

多多貓與老爺爺

陪我坐一會

藝文廣場

什麼時候我變得需要讓一隻貓陪我說話，陪我散步到藝文廣場看天空，讓新奇的光景阻遏老化，分散時間帶來的空洞寂寥。

陪我坐一會

暮春之際，紛繁的瑣事未竟完成，使我既無心到日本旅行，兼程探望在大阪生活的女兒，也少有想回去看看台北的意願，更不想多做些其他事。大部分時間，兩肘撐持在書桌上，像捕捉落日餘暉最後一抹金黃色澤般，緩慢地在鍵盤慎思游移。桃園安適的生活，除了寫作，其他無關緊要的事，好似都會被我選擇性的記憶遺棄，只偶而趁著心血來潮當下，跟兒子和他的母親推著多多貓的「房車」，去到中正路上的展演中心，走進有整排樹蔭覆蓋的藝文廣場，坐在樹下眺望天空或來往的路人。

廣場通天光亮，有一種熟悉的樹心香氣，自四面八方飄來，再從感官沁入我的體內，令我精神抖擻，呼吸舒暢，步履愈加輕鬆，頓時心曠神怡。真是這樣，只要遇到沒人影的椅子我便坐下，倒不是年老力衰感到疲乏，而是因為心醉神迷，好似諦聽見什麼！

啊，多麼清明的草地！午後，藝文廣場一塵不染，就像一件剛洗濯過的襯衫。枝葉茂密的樹木，修剪齊整，陽光輕巧穿透綠葉，散發晶亮光芒，給人悠閒無事的感動，枝頭上發出吱吱喳喳的聲音，是誰在唱歌，還是鳥鳴，我不知道。這時，很想喝杯咖啡。

被高樓環顧包圍起來的樹蔭世界，使人不覺渾身輕盈，有種異樣感覺，我幾乎沒跟任何人開口講話，也不覺慵懶，就這樣抱起多多，陪坐在長條椅子上，唧唧嘟嘟地說了幾句連自己都不清楚講些什麼的喵言喵語。多多安靜地依偎在我的大腿旁，我甚至毫無不適的感覺，一點也不擔心她會在一溜煙

▲多多貓優雅的坐姿
▼夏末，多多貓到藝文廣場散步

之間跑掉。

遛狗的婦人從我面前經過，隨之又跑來一群逗狗的小孩，笑嘻嘻，撇撇嘴，跟狗兒玩了些小遊戲。雖不認得他們，我倒一點也不擔心孩童會不會因為好奇過來捉弄多多，就像愛撫他們的玩具一樣，從而滿足「怎會有人在公園遛貓」的興味。

桃園街市大小不一的公園真是多，在公園裡遛狗逗貓的婦人老人不在話下，每個人各自玩味愛戀寵物的遊戲。我突然覺得有點悶慌，「我是不是已經老到只剩下遛貓的歲月？」這種想法既不舒服，感到疲累，身體恍恍惚惚，不由自主地想起夏目漱石《我是貓》那一隻被擬人化，善於用睿智眼光看世間、思辨人性，簡直能穿透人心，看見虛實，思緒辛辣的貓，是如何無情地嘲諷不擅交際的主人，好像牡蠣，只會把自己藏在貝殼裡。貓說：「他似乎討厭挽留拜年的客人陪他飲酒。人哪，古怪到如此程度，實在令人遺憾。既然如此，趁早出門不就好了嗎？可他又沒有那股勇氣，越來越暴露出牡蠣的本性。」

或許正是這樣吧！這種既是不由自主的，又是存心好玩的人與寵物之間的生存遊戲，我又何必在乎依偎在身旁這隻來自基隆的流浪貓，能有多深沉的眼力，看透我孤僻的心思？或者，難以捉摸的性情。

有時會想一個人在日落四周陰暗下來時，什麼都不做，就這樣昏沉沉地跟多多在藝文廣場的樹蔭下睡去，不管是一個人還是兩個人。年輕時住在台北沒有機會和家人一起過這種慢慢來的生活，現在卻是和多多這樣過日子，樹蔭下遛貓的簡單舉動，讓我深切感受到，不能讓人幸福的悠閒是沒有用的。

多多跟我首次見面，是搬遷到桃園的第一年，那天，天空正綻放春末殘留少許金色陽光的初夏午後，我剛從任教作文科的補習班下課，自台北搭乘客運車回家。

啟開門鎖後，「來人哪！救命。」我驀忽驚異地喊出聲來。

一隻貓直挺挺地蹲在門口，用她斗大而晶亮的目光，霍霍眨眨地望著我。瘦小的身影，簡直可以用畫筆三兩下勾勒出簡單的樣子，唯獨那雙像是會說話的眼睛，不放過我似地頻頻投射出乞憐的訊號，讓我寒毛直豎起來。

◀老人與貓

▲多多貓乘車遊南崁溪

大兒子擺出一副詭祕模樣過來，氣定神閒告訴我，這是他從學長家帶回來的「流浪貓」，名叫「多多」，送給我當新居寵物；還說，我將晉身為「貓爺爺」。

什麼「流浪貓」，什麼「貓爺爺」，我什麼都不要，請別把我到底有沒有愛心的考驗，跟一隻流浪貓拼湊混雜在一起斟酌處理，那是慘烈的折磨，我會承受不住。

是不是該再次大聲呼叫「救人哪！」。

我怕貓懼狗的經驗其來有自，從小起，養兔，兔死；養鳥，鳥亡；養魚，魚斃；養狗反倒被狗莫名其妙咬了半身傷痕；總之，那種精神受到煎熬的異和感，給我一種不喜親近寵物，判若鴻溝的強烈感受，怕牠們死，又怕牠們咬人，實在是害怕碰觸到情感寄託中夾雜死亡陰影的哀傷悲憫。

現在，這隻忽而「闖入」我家的貓，居然受到全家人熱烈歡迎，還特意騰出空間擺設貓房、貓廁、貓抓板，一派坦蕩蕩地將之列為陳家新成員，獨留我怔怔不知如何是好？

溫和的春風搖晃碧澄澄的夏光，桃園閒居三年，我嘗試學習逗趣多多，重複玩弄逗貓棒和碳烤貓排的遊戲，不知她會不會惱怒？是不是興奮？還是在我無聊的舉動中看見我的愚蠢？誰曉得。

我當她是「老人與貓」的玩伴，餵她罐頭、替她梳毛、為她蓋被；常常，要我餵食就喵叫幾聲，想吃就吃，想睡就睡，想爬就爬，然後，不覺我大有為的服務態度何等了不起，總是得意地大擺威風，妄自尊大地搖動尾巴，刷刷臉，舔舔毛，不甩人地掉頭離開，逕自回到她隨心所欲選擇的窩，靜靜閉目養神，留下愕怔的我，倏忽驚覺，我才是她的玩物。

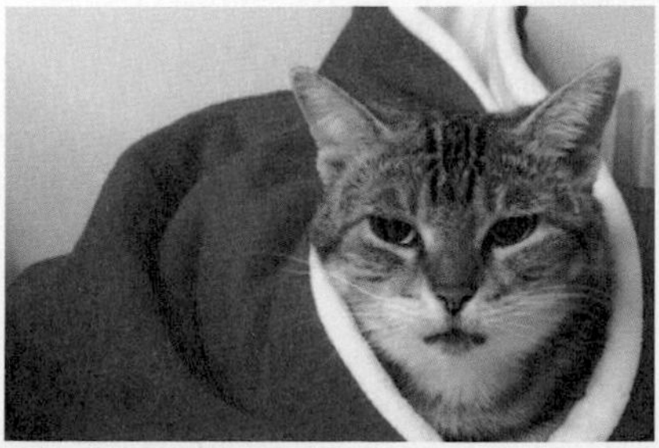

◀多多貓生活在首璽社區

很久沒在綠草如茵的廣場眺望天空了，這座城市特有的田園氣味，讓我和多多擁有片刻安詳寧靜的午後時光，就在長條椅子上，我隨意跟她說了幾句多年來不斷重複的話，之後便漫不經心地閉起眼睛，彷彿可以感覺到和緩如水的時間，從腳下輕輕流過。

親愛的多多，想要悲傷的時候，我會把自己隱藏到鏡片後面，知道嗎？我的心是玻璃做的，易碎；為妳梳毛時，如果力量拿捏不妥，千萬不要立即回頭咬我，我的細皮嫩肉不堪妳輕輕咬合。還有，我的心是豆腐做的，易糊；如果不小心踩踏到妳的尾巴，切切不要用悽慘的喵叫聲，瞪我，我會感到自慚形穢。

好了，好了，拜託妳別再用那種一流演技的無辜眼神看我，我的心是蛋捲冰淇淋做的，經不起妳款款深情地凝望，每一次，每一天，我就如此瞬間融化。現在，妳是唯一能讓我到外面吹噓幸福的本錢，我喜歡跟別人說，我養了一隻迷死人不償命的貓。

就算起初我不認識妳，現在也已不介意了，妳跟隨我一家人住到桃園，

▲多多貓在藝文廣場看風景

想必是為了拯救我那失去精神養分的苦悶，撫慰我鬱悶的心；就算不知道妳到底幾歲了，我也不在乎，就算妳一天總有好幾回躡手躡腳貼近我，用前腳輕輕拍我，或是在我身上來回游移磨蹭，就只為乞食，我都甘心。寵妳、疼妳，是我的使命。

空曠的藝文廣場，我緊緊抱著意圖掙脫的多多走上台階，在展演廳的光蔭下，拉起衣袖抗抵溫熱的天氣，當耀眼的陽光刺痛雙眼，光芒劃破天際，觸動我沉寂的心情；親愛的小孩，妳可以不必再像隻無家可歸的野貓急欲擺脫我的懷抱，陪我在藝文廣場的椅子，坐一會，讓我們一起靜靜看著今天藍得有些誇張，沒有半片雲的天空。

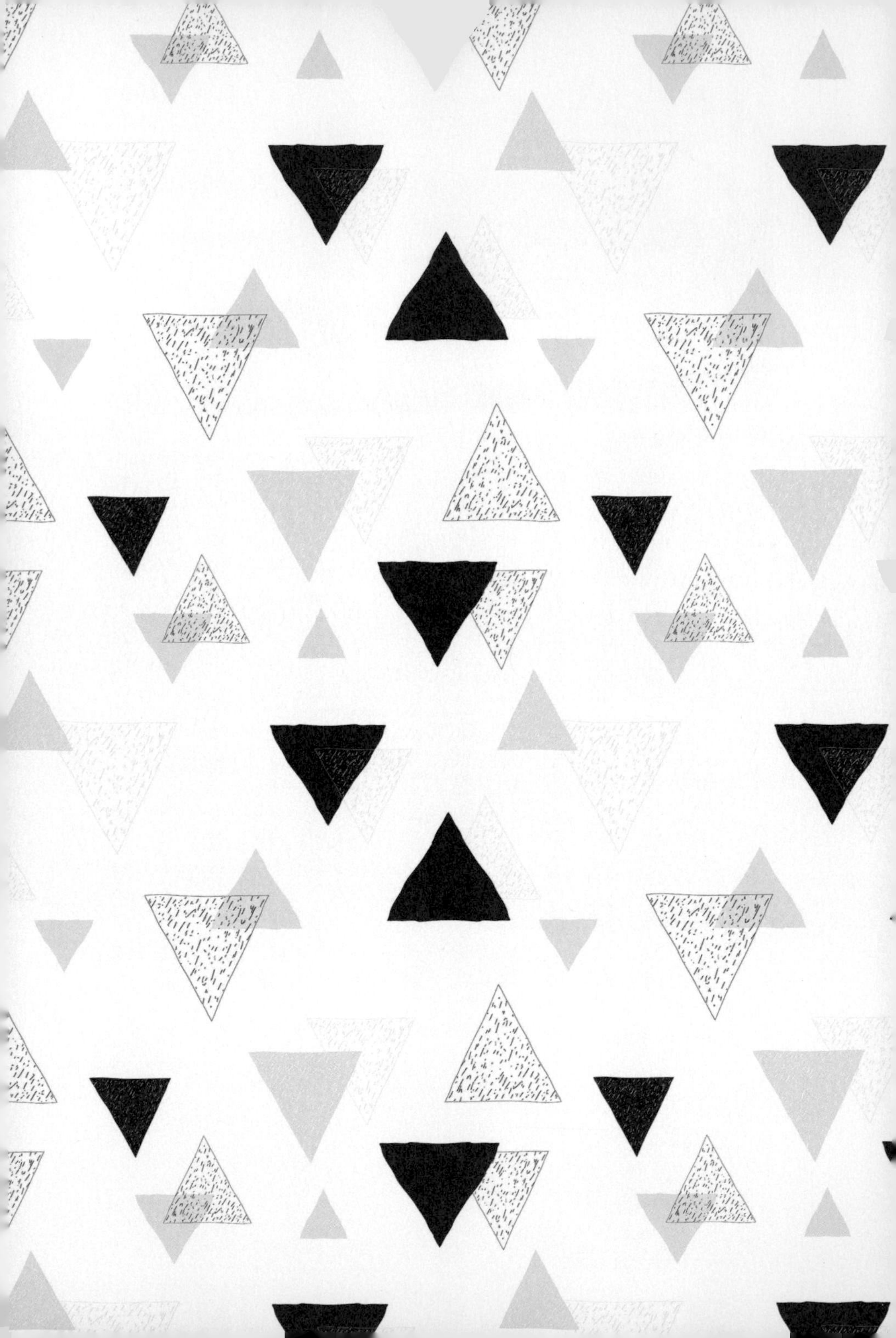

藝文廣場展演中心

藝文特區看戲

藝文中心／展演廳

到藝文中心展演廳看歌仔戲、聽音樂演唱，到藝文廣場參與家庭野餐或跨年活動演出，不過就是這麼回事，心卻滿足得要翻滾了。

藝文特區看戲

颱風來臨前的寧靜時分，桃園臺地的溽暑熱燙了鍵盤，我的寫作工作進入半休眠狀態，寫寫停停，左一句汗流浹背，右一句苦水滿腹，不知如何下筆成文？索性取出在日本門司港旅行，各花了近五千日幣買回來的三袋昭和時代樣板的柑仔店DIY勞作；原以為手腦並用，可防老化，殊不知其中材料如此繁多，竹、木、土、紙片，細節複雜如蓋房子，還得上色，無比艱辛！最後只能仿效寫作，一天做一點，慢慢堆疊，安度暑熱。

我居住的社區大樓，開口朝西，正是海的方向，淅瀝不停的風雨，這才讓我深切體悟到從台灣海峽吹進桃園臺地的風有多麼強勁。不出一兩天，要命的颱風驟雨方歇，積水退去，行道樹的斷枝落葉，迸散一地，風卻依舊催命使勁聒噪地吹拂，叫人鶴唳風聲自驚慌。

就說冬季，夜裡睡覺，常常被寒風驚醒，不是身體冷得凍僵，就是聽聞呼

▲藝文廣場展演中心是電影《我的少女時代》最末場景拍攝地
▼藝文廣場展示藝術家洪易的雕塑作品「鴨」

嘯而過的蕭蕭北風。這裡不是新竹呀！桃園曾幾何時成為風玩遊戲的地方。

颱風過境的這天夜裡，風被隔絕在外，我睡得出奇安寧，幾乎沒有醒來。第二天，天氣晴和，剛過午後六點鐘，我興致勃勃出門走到中正路藝文廣場的展演廳，準備觀賞廖瓊枝歌仔戲文教基金會演出的歌仔戲。

出門看戲是件多美妙的事，我覺得自己完全被台灣戲曲懾服了，心情愉快，或者說，颱風過後的戶外風和日麗，把前往展演廳看戲當成郊遊的藉口，也不是件壞事，而藝文中心和我住的首璽社區毗鄰，幾步路就走到了。

一座現代化的城市，沒有藝術展演的場所，就不能稱為現代都市。表演藝術讓人連結過去的歷史與文化，如果人文不能用行動把這些記錄下來或分享出去，後來就會消失。

繪本作家幾米說：「儘管這個世界破洞百出，但真的不用擔心哦。每個破洞都會找到一個補洞的人。但是，如果我們輕易放棄我們該做的，世界同樣也會放棄我們。最後連角落都不給我們躲藏了。」我同樣如是認為，挪出快樂的時間吧！要像天上閃爍的星星那樣，抱著愉悅的心情去看戲。

遷居桃園的日子，和家人散步走到矗立在中正路和南平路口的展演中心不知有多少次了，這幢建築突兀地蓋在藝文廣場的角落，好比一座包裹著鐵皮相互銜接搭建而成的表演場，無論從哪個方向張望，或者集中意識審視這樣的建築，都不像風景。若不是依仗鄰近廣場的草坪點綴，這幢建築哪裡稱得上後現代主義？

不過，坦白直言地說，妨礙觀瞻的不是草地，而是建築物本身。是的，看了這幢建築，不禁容易使人拘束起來，好像走到哪個方位都能清楚看見那一塊塊鐵皮組合外觀的醜陋樣貌，倘若形容它是一座大型鐵皮屋，會不會過於惡毒？會不會遭人斥責偏見過深？

雖然如此，換個場景來看，植種茂密樹叢、低矮的土丘，還有一條不流水的溝渠貫穿其間的藝文廣場，或許還能發揮一點遼闊意象的作用，黃昏之後，這裡很快變成孩子們玩耍遊戲的場所，年長者散步休閒的地方。日落時分，站在草坪尚可眺望天光與夕暮瞬間渲染成的橘紅色晚霞，沿著高樓沉落下去。

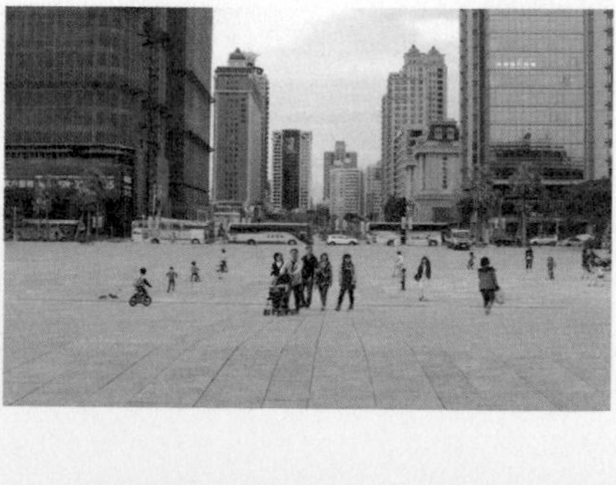

◀每到黃昏，藝文廣場的散步人潮逐漸增多

就在陰翳即將覆蓋明亮的那一剎那，白與黑相互濡染的瞬間，誰能在夕陽餘暉中確切捕捉到這座田園城市特有的光景？

當然，這樣的景色不是每天都能遇上，假使能在寬敞的草坪設置文學步道、藝文園區，或是藝術日光大道，是不是更切合「藝文特區」的雅號？是否更能襯托出些許浪漫的優雅氣息？只是，誰會去理睬藝文特區為什麼非得一定要有藝有文呢？

優雅，確實被四周一再林立的高樓壓扁了，在藝文廣場所屬的範圍，就只能舉辦戶外演唱會、聚集數萬人的跨年晚會、地方戲劇演出、慢跑，適逢假日忽然又成為攤販小市集，甚至供民眾舉辦家族野餐活動。

在城市野餐，這是多麼興味的創意，一個人也好，一家人也好，就這樣團團圍坐在草地，用花花草草裝飾帳篷，吃些簡便食物，聽音樂人現場演奏，「沒有音樂的世界好冷清唷。」對桃園人來說，這算不算是美麗假期的盡頭？

好吧，再說這一個晚上，從藝文廣場到展演中心，我在可以容納

▶晚間亮燈後的展演中心大樓

▲展演中心演出廖瓊枝歌仔戲

一千八百人的展演廳認真地觀賞廖瓊枝領導演出的歌仔戲，一段承續地方戲曲，精緻的表演藝術，氣勢磅礡地在舞台展開。我想到日本作家司馬遼太郎在《龍馬行》書中說：「雖說『人生是一場戲』，但人生與戲的區別是很大的。從表演者的角度來看，戲的舞台是由他人搭建的，而鮮活上演的人生，完全要依靠自己勤懇來搭建起適合自己秉性的舞台，才能在上面表演。自己人生的舞台，是誰也不會來為你搭建的。」

沉浸精神看完好戲回到真實的

人生舞台，歸程中，我沿著同一條路回到自己的世界，當穿越「中悅新天地」一整排的豪華住宅大樓，難以想像這座過去被稱作工業城的都市，一夕之間翻轉成新興現代化的城市，她的人生變化看起來確實緩慢，客運車跑得慢，班次慢，司機講話愛理不理的慢，商家服務的動作也慢，就連矗立在分隔島上的路燈都顯得如此黯淡。

是，很慢。可是奇怪得很，我卻喜歡感官上的緩慢，慢慢散步看街景，靜靜看天空流雲緩慢滑過天際，這種慢到沒有底線的深度，使人禁不住聯想起歌仔戲不也是在徐徐款款的舉手投足間，彰顯戲曲的況味？表演藝術的曼妙生動，不就是因為緩慢的動作而使人驚嘆不已！

這裡曾是賣座電影《我的少女時代》劇情發展到最後一幕，女主角林真心長大成人後與男主角徐太宇因為一場劉德華演唱會而重逢的拍攝地，桃園人對此並不陌生。

住民炫耀地說，藝文特區是桃園的信義區，是現代化的「蛋黃區」。是嗎？為什麼要用台北的信義區來形容自己的地方？打造藝文特區成為桃園的

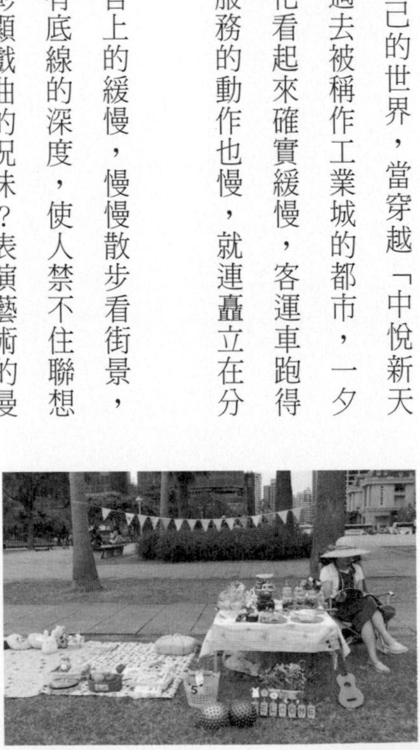

▶藝文廣場的音樂野餐活動

藝文中心、美學中心，並以此為新地標，不是更值得欣喜嗎？兩年後、三年後，這裡就要興建一座地下二層、地上八層，多功能複合設計，兼具電影院、文創商城以及主題餐廳的桃園市立圖書館總館。

藝文特區果然就快要名副其實的有藝有文了。

我常在白天無雨的日子，站在藝文廣場的草地，把周遭的景色一點一滴記在心裡，然後慢慢回過頭細想，那一幢緊鄰一幢矗立在曾經引爆圖利紛爭議題的土地上的歐式豪宅，以及南平路川流不息的壅塞車陣，把藝文廣場阻隔成自己的世界，草坪、綠地，綠意盎然的樹叢，不由分說地被層層疊疊的倒影和日光擴展開來，使得林立四周的高樓，你推我擠地朝向天際聳然排列，形成開闊與擁擠的鮮明對比。

▲桃園跨年晚會在藝文廣場舉行
▼設計成五〇年代風情的丹馬克餐廳
▼▼文化局莊秀美局長與《我的少女時代》演員王大陸合影（圖片取材自莊秀美臉書）

榮膺「旭日中綬章」的鄭清茂教授

天祥五街的漢學家

南平路／天祥五街／漢學家鄭清茂宅邸

不是每座城市都能擁有光亮的文學地景，我在被劃入藝文特區的天祥五街，見到翻譯《平家物語》的漢學家鄭清茂教授。

天祥五街的漢學家

每個適宜旅行的季節，只要看見山水好景或乘坐電車行過聚落，記憶即便從不可捉摸的腦海迸出歲月印記，且散發出沙沙的呼喚氣息，只要稍稍回頭看一下，枝枝葉葉的味道，風風雨雨的飄蕭，或是單純的一點點似曾相識的聲響，都可能讓回憶沉重起來，整個人像被拖拽到視野遼闊的草地，卻又感到四下無人的蒼茫生疏。回味旅行的感覺真的是這樣。

確實如此，猶記台灣還未開放觀光旅遊的年代，某年冬天，我隻身前往日本，跟隨從事新聞記者工作的父親，從東京一路漫遊到四國，吃驚地體會到父子同行的旅遊，那些熱絡互動的親情，好比咖啡的香醇滋味，使人難以忘懷。日治時期曾在大阪讀書求學的父親，去世十五年後，我花費四年三次時間，帶領三個子女，依循父親當年帶我踏足的旅路，走進親子情感相互依存的真摯思念。二十九歲開始迷戀到日本旅行這件事，好幾年，好幾次，我

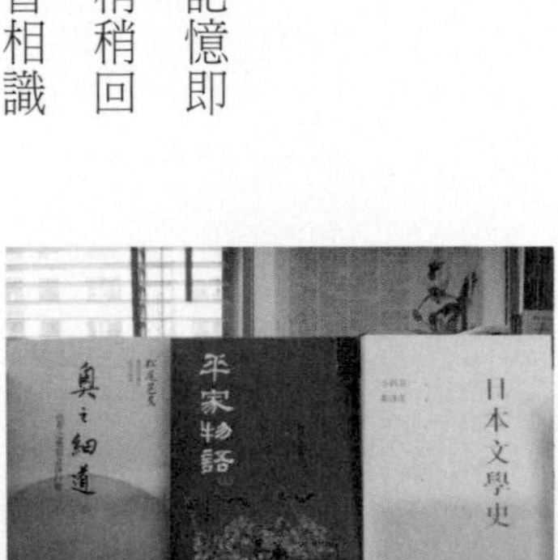

▶鄭清茂教授譯作《奧之細道》及《平家物語》

竟毫無節制不出國旅行的能力，只能眼睜睜看著自己沉淪下去……。

搞清楚旅行到底是怎麼回事了以後，我便帶著這種探究異常人生的心情，長時間、長距離從事文學旅行的工作，我喜歡從旅程中面對不成熟的自己，或者記錄旅途遇見的奇異人事，這些聞見感懷，後來都成為寫作素材。

打開地圖，只是為了等待風景到來。多少年了，我對文學旅行的寫作情感日積月累，堆疊厚實，如同積雪一般。最初的那一場雪，一直在我心中，沒有融化，不管過了多久時間，那些點滴在我心中都是特別的存在，也是我人生唯一謹慎守護的東西。

不知道為什麼，偏愛藉由旅行走訪日本文學家的文學作品地景；究詰遠因，自然是來自年少時代因喜愛而瘋狂閱讀明治時代以降，知名小說家的創作，以及經由名家名著改編拍攝的電影，並受其影響的緣故。

原來，我是如此鍾情從探索文學家故舊宅邸與文學地景的幽玄裡，聆聽孤寂創作的靈魂樂章。

走過無數日本歷史遺跡與文學地景，終亦明白日本文學家的作品，及其

日本国天皇は鄭　清文に
旭日中綬章を贈与する
皇居において璽をおさせる
平成二十六年十一月三日
内閣総理大臣　安倍晋三

◀「旭日中綬章」證書
▶旭日中綬章

文化、史事、民情風俗，是經由興盛的觀光產業傳承相續，以創意之姿優雅展開；鄉野、城鎮如是，博物館、文學館、作家故居遺址亦如是。幾番尋幽攬勝，我以一介賞玩者之姿，無意在書冊文字裡，恍然領受到文學的魅惑之美與人文旅行的幽深之實。

後來，我的人生旅次來到桃園，在這個陌生的地域，竟像個不知天高地厚的人，縱身躍進了不愁煩惱的孤獨季節，同時發出桃園哪來文學地景的怨聲，還有，什麼才是桃園的文化？桃園的文化在哪裡？誰能替我作答！

一座不存在人文與古蹟的城市，便無歷史文明可言。

這一年的一月十一日，桃園的冷風好似打算繼續無止境吹襲下去，一直不停歇地在南平路上颳起冷颼颼的惡形惡狀，地面上的柏油僵硬了，路邊的車子、房子、樹木都被凍僵了，一動也不動地逃不過冷風侵襲，整條馬路看起來已經陷入冰冷的漩渦中。

這一天，我和作家林文義、曾郁雯頂著冷氣團，驅車到了以餐飲小吃著稱的南平路。就在南平路右側，鄰近經國路的天祥五街，沒錯，國際知名的漢學家鄭清茂教授就住在那裡。

著名學者與作家莊因教授在他的一篇文章〈晚晴〉提及鄭教授，寫道：「清茂、秋鴻兄嫂是我的長年摯友。他們情篤深而意縈瑩，相愛相投而不寵膩。如今大隱於桃園，我似乎在隔海之此岸，都可以清楚遙見兩人牽手、默然無語、並肩徜徉在『英英白雲，露彼菅茅』的晚晴秋野。不，那簡直就是漫步在奧之細道上的一雙人間仙侶。」

冬日午後冷冷清清的天祥五街，來往車子不多，跟鄭教授相約在住宅等

▲鄭清茂（左）與林文月（中）兩位教授榮膺日本交流協會台北事務所代表沼田幹夫授勳，頒贈「旭日中綬章」（翻拍自鄭清茂收藏）

▼台大求學時期的鄭清茂（左一）和林文月（左前三）與同學合影（翻拍自鄭清茂收藏）

候，他卻出其不意現身地下車庫，以「管理員」的姿態招呼相迎，叫人無限驚喜。心裡直想著，久仰大名的教授竟然親和到這步田地。

終於會見到日本古典文學大作《奧之細道》和《平家物語》中文版的譯作家鄭清茂教授了。看到他宛如見到松尾芭蕉，又好似見到平清盛、源義經、源賴朝，說不上來的柔和意味。

三人迫不及待拿出新買來的洪範版《平家物語》，好比熱情的書迷，急著向教授索取簽名，鄭教授還特意贈送原田康子原著的《輓歌》譯作，我則回贈以《平家物語》為藍本，採訪創作的文學旅行之作《我在日本尋訪平家物語的足跡》，一屋子的人都熟稔原稱〈平曲〉，又稱〈平家琵琶曲〉的《平家物語》的歷史細節，不免侃侃聊起平家與源氏的興衰起落，以及日本文學旅行的趣味。

鄭教授家屋的藏書沛然無窮，書房與客廳連成一氣，多面牆壁無不以書架擺飾，排列堆疊的洋文與日文原文書的書背像是被各種顏色塗上去一樣，又像是整面牆壁掛了一幅書冊的意象大畫，讓人感覺充裕到好似一座圖書

▶鄭清茂教授在客廳
◀鄭清茂教授與夫人馮秋鴻（中）

館，處境清幽而安靜，這不就是村上春樹在《圖書館奇譚》所說：「圖書館非常安靜，因為書把聲音都吸光了。」

一九三三年出生台灣嘉義縣的鄭清茂，台大中文研究所碩士畢業，後來就讀日本東京大學、慶應大學特別研究生，又取得美國普林斯頓大學東亞研究系博士。曾任日本慶應大學講師，美國加州大學柏克萊分校東方語文系、麻州大學教授、亞洲語文系主任。返台後，任台灣大學中文系客座教授、日文系兼任教授、東華大學中文系教授兼系主任、世新大學中文系兼任教授。

教授著有《中國文學在日本》，譯有日本漢學著作，包括吉川幸次郎的《元雜劇研究》、《宋詩概說》、《元明詩概說》多種，以及《輓歌》、《奧之細道》、《平家物語》、《日本文學史》等日本古典名著，是世人眼中傑出的漢學家。曾獲國家文藝獎。二〇一四年十一月，因翻譯出版日本戰記文學《平家物語》，而與翻譯日本古典文學《源氏物語》的林文月教授，同時榮膺日本交流協會台北事務所代表沼田幹夫授勳，頒贈「旭日中綬章」，這項榮譽表彰鄭清茂、林文月兩位教授在日本文學及日中比較文學領域卓絕的研究成果，以及藉由翻譯工作增進日本與台灣學術交流的卓越貢獻。

李永熾教授形容這兩部大書是「日本古典文學雙璧」，一文一武，一象徵「菊花」，一象徵「劍」，終於完美地在台灣出版中文譯本。

文學譯作的用心，是在背地裡努力完成的。翻譯《平家物語》何嘗不是嘔心瀝血的艱鉅任務！

▲鄭清茂教授與美國生活時代的老友合影，鄭愁予（中）、楊牧（右）

▼曾郁雯宴客，作家朋友合影，左前鄭愁予夫婦、鄭清茂夫婦、郝譽翔，左後林文義、曾郁雯、陳銘磻、李進文

▶鄭清茂教授的書房「曰可居」

◀鄭清茂教授的藏書

《平家物語》主要圍繞在以平清盛為首的平家和以源賴朝為首的源氏，兩大武士家族政爭的史實。寄寓了「祇園精舍的鐘磬，敲出世間無常的響聲。兩株娑羅樹的花色，訴說盛極必衰的道理。驕奢者如一場春夢，不會長久。強梁者如一陣輕塵，過眼雲煙。」諷諫驕縱者必敗的諄諄誡語。

隱遁桃園十多年，漢學根基深厚的鄭教授，譯筆精闢，註解詳實，莊因教授形容最為貼切：「師兄清茂的文筆，別的不說，僅就他在大學就讀期間（1952—1959）所譯日本紅極一時的女小說家原田康子的成名作《輓歌》（1958）來看，我們就會有長足的印象。他的譯筆，清而茂，正為他的名字作了最親切真實的說明。我那時也在台大就讀，於《輓歌》在當時台灣第一大報《聯合報》副刊連載期間，幾乎風雨無阻每晚在總圖書館大閱覽室中自習時，都會抽空下樓，在閱報室站著跟別人搶看細讀。中毒之深，可以說是『飲鴆止渴』了。」

這樣敘說使人感到與有榮焉，文采豐盛的鄭清茂教授，現今看來，我終於有幸在天祥五街尋獲桃園一朵多采多姿的人文風景了。

南崁溪水岸文學步道

南崁溪畔文學步道

經國路 / 南平路 / 經國國中 / 南崁溪 / 汴洲彩虹橋 / 經國綠廊文學步道

就在這裡，桃園主要流域的南崁溪畔，一條臨溪的水岸文學步道，充滿文學雅興的悠閒姿態，輕巧地環繞在經國國中的左側與後方。

南崁溪畔文學步道

從莊敬路一段新建完成的水汴頭大橋右側的自行車道，逆溯南崁溪而行，就在溪畔經國國中的後方，不期而遇地撞見桃園水岸文學步道。這一條被玲瓏有致建造起來的步道，有人稱「經國藝文水岸」，有人叫「經國綠廊」，多麼官僚的稱呼，不如直接叫「南崁溪水岸文學步道」或「桃園文學步道」，不就好聽多了。

被輕風吹起川流不息的南崁溪水紋，在日照從天空大片灑落下來的無垠光芒裡，投射成一幅使人興起動容、動心的波光水影，好似浪跡天涯的藝術家身穿墨綠色襯衣上的縐紋一樣，風吹過後，彰顯出叫人憧憬不已的耀眼色澤。

那是經過歲月奔流而來的美麗波紋。

不知從什麼時候開始，這個水流彎道口的汴州橋附近，便棲息了不少白鷺鷥；是不是連鷺鷥也曉得到這裡來尋覓美麗景色，滿意自足地把閒情託付給天地處置？

好傢伙，就在汴州橋岸邊，面對南崁溪清清水流處，桃園的水岸文學步道以閒情逸致之姿，以耀眼的歷史波紋，被堂而皇之地建造起來，好多年了啊！

白鷺鷥來了，抬頭仰天，瞥視步道一眼，又急匆匆飛走，算是跟被塑立在水岸邊，台灣前一個世紀的傑出文學家及其作品寒暄招呼。過去或現在居住在台灣的文學作家，沉寂書冊多年的優質作品，被印製在告示牌或木柱，靈巧地成為南崁溪水岸美麗的風景。

是誰如此有心，誠摯地讓文學的花朵綻放在南崁溪悠然的水草邊？洋溢出桃園以及溪流特有的芬芳滋味。

擁有千塘之鄉美稱的桃園市，看來就是水之都，我在溪邊

▶▶莊敬路一段水汴頭大橋
▲文學步道旁的汴州橋
▼悠悠南崁溪

▲幽靜的南崁溪水岸文學步道

文學步道感受涼爽的輕風，以及少人出沒的寧謐滋味。這一條無意間撞見的文學步道，著實為桃園山水風景增添了一點人文色彩，更為田園文化平添幾分豐盈的文學氣勢。

一條文學步道，坐落在清清水流的南崁溪畔，流水緩緩地漂過溪底小石，那水流的美貌，婀娜生姿，真是飄逸。我站在溪畔靜靜觀賞這款撩人風景，風生水起，心裡不期然生出一股安詳的舒適感，加上步道一邊以路樹鋪成的繽紛小徑，以及岸邊巷弄裡尋常人家的後院，種植不少奼紫嫣紅的奇花異

▲賴和文學座

草，愈加使得水岸文學步道的優雅氣氛輕盈起來，秀麗起來。

大概五百公尺長的文學步道，栽植一整排綠樹，愈加顯現文學的浪漫風情，我見人行道上的清雅風貌，偶見獨坐木造涼亭吹清風的婦人，心中不禁生起一陣喜悅的感動。

水岸文學步道沿途豎立了十四位台灣知名文學家及其重要作品，賴和、吳濁流、楊逵、呂赫若、龍瑛宗、葉石濤、鍾理和、林海音、琦君、鍾肇政、李喬、杜潘芳格、呂秀蓮、楊國明，或以告示牌，以木柱方式呈現，詩碑、句碑、文碑所欲傳達的，對於文學的纏綿之情，讓人賞心悅目之餘，深刻感受到一座城市願意以文學步道做為美與祥和的象徵，必是絕頂的智慧之舉；我在南崁溪水岸文學步道，恣情一地深沉的愛戀，越加體會出文學之美，美在生動靈巧，美在可以用文字傳述人心與人性獨有的人文景觀。

盛滿文學精髓的牌子、柱子或許不夠華麗精緻，碑文內容卻充滿對文學的絕美眷愛，令人讀來不禁讚嘆文學的身心之用，美入靈魂。

日本小說家太宰治說：「清澈溪流底下，生長著青綠水藻。河水流經家家戶戶的前庭。」一旦放鬆心情走在這一條風雅的水邊文學步道，一股清涼隨意沁心而來，揚起翩翩然的玄妙興味。

與溪水同行，與文章共此千古年地傳述台灣好山好水好人情，流水有方能出世，南崁溪水岸文學步道因鄰近桃園最大溪流，更加深成為文學的幽雅景致。

文學之美，在緘默中流露心的弦音，雖孤寂卻不曾寂寞，出生成長或落籍居住桃園的作家繁多，丁文智、古蒙仁、白家華、米路哈勇、朱亞君、江燦騰、呂秀蓮、李南衡、杜修蘭、杜潘芳格、林央敏、林鍾隆、果子離、邱傑、孫瑋芒、師瓊瑜、徐國揚、涂靜怡、張大春、張捷明、莊華堂、許水富、許悔之、陳大為、陳南宗、陳夏民、陳銘城、陳銘磻、陳謙、彭樹君、馮輝岳、黃秋芳、葉桑、葉國居、葉莎、銀色快手、劉正偉、蔡詩萍、鄧榮坤、鄭清文、鄭清茂、鄭煥、謝鴻文、鍾怡雯、鍾肇政、羅文嘉、蘇國書……。下一次，若要擴增水岸文學步道的多樣文學風采，這些與桃園有著深厚關係的作家作品，期能為這一條文學步道增添燦爛的人文色彩。

▲▲▲楊逵文學座
▲▲鍾理和文學座
▲林海音文學座
▼鍾肇政文學座

桃林鐵道桃園高中站

消失在綠蔭中的桃林鐵道

桃林鐵道／桃園高中／花市／桃園小巨蛋／桃園小天母

這座城市好似不想發展觀光，竟讓一條曾經風光的桃林鐵路平白無故躺在荒地好多年？旅行的日子，豈能沒有鐵道的記憶？

消失在綠蔭中的桃林鐵道

仲夏，陽光耀眼的午後，天氣燠熱，偶而輕輕吹拂過的風，吹著身體感覺一陣清涼。這樣的季節最適宜坐在樹蔭下沉澱心情，聽風歌唱，默不作聲喝一杯冰拿鐵。

不要害怕，我們是夏天，別讓它溜走，我們的夏天。

我從虎頭山下散步走到被新築馬路橫切過的桃林鐵道桃園高中站，鐵道沒有車體，沒有汽笛鳴聲，只有幾位路人抓著相機取景拍照，無言的鐵道和沉寂的月臺彷彿委身在寂寞邊境，冷冷清清地不發一語；我放鬆腳程慢慢走到寶山段，跨過生鏽的鐵軌，進入寶山站月臺，看見鐵道旁的農婦在菜圃間除草，不畏炎熱，流露出一副安然自若的神情。

不再行駛火車的鐵道，一定隱藏著某種濃重懷舊的不捨心思溢滿許多人的胸膛。那是連續這裡到那裡，這一站到下一站，為奔放的生命向前行駛的

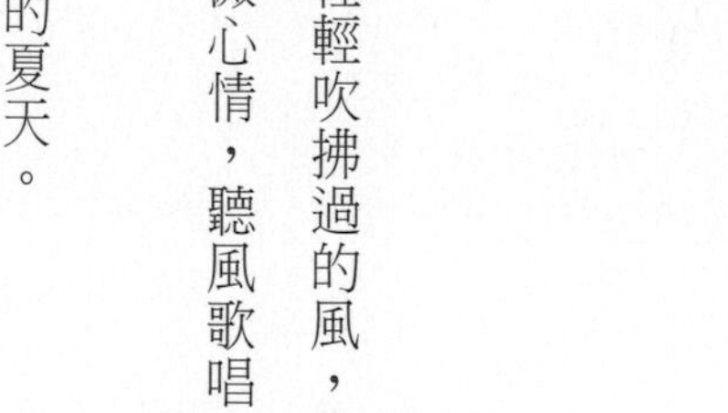

▶桃林鐵道寶山站

▲桃林鐵道桃園高中段

脈動。越過鐵道，那一邊是否還留有從前的美景？是不是真的，有樹林就可以沉思，有天涯就可以對坐日落。

桃園曾幾何時擁有如此寧謐的城市鐵道？可惜，老早被一段又一段的圍籬困在住宅區的荒地上。是哪個愚蠢的主事者，無端讓它荒廢在那裡，徒留鐵道兩旁紛雜地長出密密麻麻的野草？誰知道呀！真是不協調的畫面。

我不覺得事情只是這樣而已，稍微撥開熱得像火球一樣燙手的柵欄圍籬，沿著月臺走著，我想，絕對不只是這樣而已。這條一如曙色發出淡彩光芒不斷往前延伸，使人看了心弦為之清朗的鐵道，經過多年後，卻怎麼在這塊土地上一點效應都沒發生。

天會變，人會變，物體也會變，變化本身有什麼意義，我一直不了解。

但事情就只是如此這般而已嗎？廢棄的鐵道仍是鐵道，靜靜躺在地面，令人覺得它像棄嬰一樣被有意棄置在房子與房子的間隙，形成一種難言訴求的無奈。我在月臺探頭尋覓，不管張望多久，總是無法浮現任何想法，念頭裡不斷出現日本京都的嵐電，來回穿梭在住宅區的奔忙畫面，還有長崎、廣島和熊本，同樣有這種讓觀光火車理直氣壯地行駛在馬路上的風雅景致。

這條被遺棄多年的桃林鐵道原名叫「林口線」，是台灣鐵路管理局經營的鐵路支線，自桃園車站到林口站，全程十八點四公里，從桃園車站出站，行經桃園高中站、寶山街上的寶山站、南崁南祥路的南祥站、南崁五福路的五福站、南崁長興路的長興站、蘆竹海山路的海山站、蘆竹海湖村的海湖站、舊名下寮的林口站，總計九站。一九六八年通車的主要目的是為了與林口火力發電廠所需煤炭原料的運輸需求有關。

▶桃林鐵道寶山段

二〇〇五年，由桃園縣政府以合作方式向台鐵租用兩輛列車，沿線增設簡易車站，提供住民免費搭乘。二〇一二年底，客運和貨運列車相繼結束營運，空留鐵道棄置一隅，儼然成為這座城市一道像是被割裂了好幾段的疤痕。

冰冷孤寂的桃林鐵道使我想起距離北海道帶廣空港五分鐘車程的「幸福車站」，這個車站雖則停駛了近三十年，政府單位不但未拆，還細心保存車站原貌，留下歷史的浪漫之美；如今，這座陳舊的車站已然成為北海道最受訪客歡喜的觀光景點之一。

▲桃林鐵道花市段
▼桃林鐵道成功路段

不拆，是建設過程的極致哲學。然而，台灣不少無感的政府單位，不僅不懂美學、不喜美學，更無審美本領，遑論熟悉哲學、熱中美學。說好的台北和淡水舊車站復原工程，如今安在？想想五楊高架道路的支柱以壓迫之姿矗立在中山高速公路兩旁，怵然呈現一道道高聳而醜陋不堪的水泥石柱，令人看了心生恐懼。

話說，坐落帶廣郊區的幸福車站，委實是一座象徵意義大過實質使用價值的歷史形跡，小巧而陳舊，卻實實在在以壓倒性的光暈，坐在那裡，眩亮的光芒使人差點睜不開眼。如果用日本作家三島由紀夫對「金閣寺」的形容來看，這座廢棄的幸福車站，足以把人從美的地獄邊緣拯救出來；關於那種虛無的單純美，相信每一位到訪過的旅人，必定會有足夠勇氣去支配人對於美的態度，並且不允許不美的事物來干擾對幸福的界定。

怪就怪在這裡，一座原本毫不起眼的木造舊房子，僅用幾塊木板打造成的小木屋，被幾棵松樹包圍，一動也不動地待在一條軌道旁邊，像是靜靜酣睡地沉湎在那裡多年，一日靠近時，發現小木屋前後沒有門板，只見屋內和屋外的牆壁，讓遊客貼上層層疊疊的便利貼的祈福字條。

黃昏時刻的車站，昏暝的燈光下仍可清晰看出老舊的木板牆，鮮明的歲月痕跡，近身探究那些便利貼，儘寫些祈願幸福的祝禱文。

建於一九二九年的幸福車站，被解體後的主體黝黑沉寂，屋頂右側上方一盞路燈略微亮著，叫人禁不住意圖地想推開無門之門，讓緊鎖在門邊的鐵門發出喀喀聲響，門開了，幸福的門開了。

幸福近在咫尺，幸福就在身邊。

然而，整座幸福車站始終瘖默無聲，就連從站後木造幸福鐘的柱子底下走過的人，彼此牽繫著手，拉起繩索，輕敲木柱上那一口被叫幸福鐘的暖暖聲響，庇佑幸福。這時，流瀉在

▲北海道幸福車站
◀北海道幸福車站幸福鐘

遊客臉上的笑意未曾停歇，頻頻發出驚異的讚嘆聲。

幸福鐘響，我驚覺那輕輕碰觸的聲音，像是正要把沉睡的幸福喚醒一樣，而幸福不覺麻煩，喜孜孜伸出柔軟的雙手，輕快地把幸福送到每個人身上。

幸福有時像沒有實體的夢，有時又真實地站在不明角落，縈繞不去地等候召喚。

不過只是廢棄的車站，卻能引發人對幸福的同理情愫。

站在桃林鐵道寶山站的月臺，我豎起耳朵凝神諦聽幸福的動靜，卻等不到任何有關幸福的聲音到來。陽光毫不留情輝耀的夏日午後，我蓄意不再多說一句話了，擁有如京都嵐電地面鐵道的桃園，發狠地把觀光車頭縮藏了起來，只顧著沉默不語，又一面讓這一條曾經載滿許多桃園人乘車回憶的鐵道，消失在綠色的雜木林中。

不遠了，很近的，桃林鐵道的懷舊車站到了，懷舊給現代人幸福感，幸福像是住在成功路，就在眼前，就在不鳴笛聲的月臺上，那裡有桃園高中、花市，有南崁溪、桃園巨蛋，有號稱桃園小天母的商店街。

是啊！就算桃林鐵道不再行駛，過去了，相當遠了，鐵道還是一直延伸下去；就算搭乘林口線到桃園高中上課的陳年舊事已經發霉，不再新鮮，鐵道一樣粗鈍地反射著陽光；就算桃林鐵道不知道要經過多久矜持，才有機會再度成為使人譁然驚喜的城市路面觀光鐵道，許多人都憧憬等待，這一條從桃園火車站，經過桃園高中，通往蘆竹海湖村，被遺忘許久的鐵道，能以生動的汽笛聲再次駛進住民懷舊記憶的國度裡。

▲坐落桃林鐵道旁的花市
▼坐落桃林鐵道旁的桃園高中

虎頭山風景區段

虎頭山的樹在歌唱

虎頭山 / 虎頭山公園 / 奧爾森林學堂

無意掃興家人邀我前往虎頭山賞樹的心情，只是誰能說服我，除了這座山，桃園還有哪個交通便利的地方，值得我放棄偏執，願意前往。

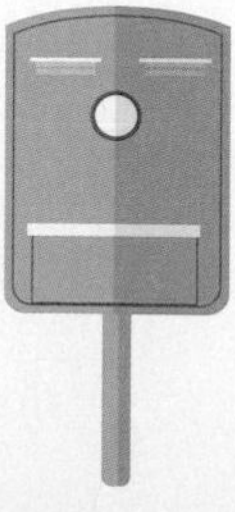

虎頭山的樹在歌唱

陽光燦然好郊遊的日子，對一個從來就不會開車，不曾騎乘過機車的人來說，顯然格外懊惱，我甚至不知道一旦離開了首璽社區，能到哪裡去都不曉得，好像真的沒任何地方可以讓我去了似的。喵咧，確實如此，像這樣過日子未免太悲涼了。孩子說，要我沒事走出首璽，有些困難。不曉得為什麼，有點煩。

我會煩惱或困擾，是因為我明白還有未來。當然，像這種為了不想出門而找來託詞說了些古裡古怪的話，還是必須找價值觀相同的人講講就好。

二十一世紀新世代，只要提起「桃園」二字，年輕人大概馬上聯結到要人命的航空城、會淹水漏水的國際機場和擁有全壘打王陳金鋒的Lamigo桃猿，真是這樣嗎？我的那個年代，石門水庫就是桃園，虎頭山等於桃園。

「去虎頭山走走看看，怎樣？我騎機車載你一程。」孩子說。

◀虎頭山風景區入口

他已經跟我提過好多遍了，我的心依舊堅定如山，無法撼動，一點也不想矯情地直接回答他，「好，我們可以出去踏青，去遊山玩水。」但不是指虎頭山。

多年前，我在台北耕莘寫作會擔任主任導師時，就曾到過那裡舉行文藝之夜，是真的去過了，不騙人。就是不明白，為什麼偏要我為了這種要不要出去走走的事擾亂心情？再說，虎頭山憑藉什麼理由吸引我去？她有我在日本伊豆半島，花了五個小時健走一整座天城山，只為追尋川端康成的成名小說《伊豆的舞孃》的文學地景，那樣充滿魅惑嗎？或者，住在桃園龍潭的作家鍾肇政確曾以虎頭山為文學舞臺寫過小說，那麼，我就願意離開家，前往探訪這座桃園名山。

這是什麼樣的傻念頭，多麼無趣的說法，算了，不過又是我內心顯出的另一種偏見吧！

要我離開住家去跟一無所知，互不熟悉的虎頭山相識，

也許只是寒暄招呼一下而已，真有那麼困難嗎？是，算是這麼回事，我就是不想要在大熱天出門。

不管怎麼說，後來我還是莽莽撞撞打破那個連自己都覺得好笑的藉口，跟著孩子和他的母親，搭乘707公車去到虎頭山下。理由是，不想放過燦爛的陽光。

臨出門前，我從網頁抄了幾段筆記，虎頭山舊名板崁山，位於桃園區東北方，山勢外形有如猛虎一般，為抵擋東北季風的天然屏障，因此又有「虎嶼山」之稱。山岳標高兩百五十一公尺，為桃園區制高點，前山有座三聖宮，供奉劉備、張飛、關公；三聖宮旁小路可到達後山，朝看萬丈晨曦，夕賞漫天彩霞，足可媲美名山勝景，從山頂觀景臺尚可遠眺龜山區、桃園區、八德區、大園區及蘆竹區等全景，一望無際，令人心曠神怡。

問題是，這看起來便是文獻資料，一點也不像旅遊介紹啊！

「走過去就是了，走上去就對了。」二話不說，我揹起背包，攜一壺水，沒有帶傘，沒繫毛巾，就這樣恍恍惚惚把自己推擠到虎頭山下。

虎頭山公園入口處，有座以原木搭建的空中步道，連結三座開放式設計的小樹屋，並以貓頭鷹裝飾其中，更以貓頭鷹的英文名稱Owl取名「奧爾森林學堂」，供親子同遊。據說，這座好似童話故事裡的樹屋的「森林學堂」，很有名，以生態教育著稱。

孩子的母親說，我是後中年時代的老人了，只能把散步當成唯一的選擇，僅適宜到森林步道慢慢健行，就不去這個小朋友最愛的祕密基地，也不去烤肉區了。

▲樹上的奧爾森林學堂
▼奧爾森林學堂

虎頭山不高，林木遍野，樹蔭清涼，我隨著路徑指標慢慢前進，越是向上，樹林越茂密，雲層越低垂，地表終於在石階兩旁的百草樹芽間湧起無數蟲鳴叫聲，使人不覺這山是絕對的沉默者。

晚夏初秋的陽光輕輕灑在虎頭山的群樹上方，從天空直射下來的日光，使得青青山脈看起來更加幽靜，連健行者吁吁的氣喘聲都聽得清清楚楚，清風來了，我的肌膚出汗了。令人討厭的汗水，我用手掌抹掉黏在脖子上，悶得很不舒服的汗滴。

環繞群山綠意，遍植楓樹、梅樹與櫻樹的虎頭山，傳來稀疏的蛙鳴聲，沿途溫馨相隨，輕盈滑入心中，令人難以忘懷。像這樣一座蟲鳴鳥叫聲、山脈呼吸聲淹沒地表的林園，正存在著我喜歡的那種清明以及和煦的溫柔，也許，我根本沒有能力解釋那是一種怎樣的溫柔，連我自己都感到十分驚愕，為什麼我會在住進桃園三年後的現在，才姍姍來遲地走訪這座山。

有時候僅僅一件事就足以改變想法，儘管如此，人生還是必須

▼虎頭山風景區登山步道

在未知的道路上掙扎，一邊畏懼夜晚的黑暗來臨，一邊又急於尋找潛藏於晨曦中的希望，但，生活的盡頭處，人又能找到什麼？對啊！即便攀到虎頭山頂，我到底又看到了什麼美景？

這一季最後的夏天與最初的秋日，林木深深的虎頭山，山頂飄浮著日光四射的夏雲，一如我的腦海不斷浮現當年走過伊豆半島天城山，面對川端康成的文學作品描繪的山川景觀，心中所湧起的愉悅情景一樣，如今，我在桃園虎頭山，帶著輕快心情，凝視山頂景致，那一波接一波層層疊疊的現代建築，就在山腳下，在眼下，漫流，籠罩成彷彿能讓人看盡世間的浩浩大氣。

唷！虎頭山的陽光在跳舞，樹在歌唱。男人的山沒有道路，只要勇敢走過，就會是路了。

▼從虎頭山風景區看桃園晚霞

桃園神社

虎頭山有座桃園神社

桃園神社

我們都忘了，漸漸地，都忘了許多年前的歷史，明明以前看得那麼清楚，現在偶而撞擊，彷彿所有的史蹟都變得支離破碎。

虎頭山有座桃園神社

既然來到虎頭山公園健行，不免要邁開腳程，路過榮民總醫院前門，向前走幾步路，不遠的山麓旁就是「桃園神社」。從過去到現在，虎頭山和桃園神社被等同化地聯結在一起。

日本三十餘年的旅行歲月，參訪過無數神社，京都嵐山幽靜的野宮神社、宮島氣派典雅的嚴島神社，都令人景仰崇敬。總之，我把旅行中參拜寺院當成一種虔誠的祈願，如此而已。

坐落虎頭山麓，這一座日本境外全世界保留最完整的神社，舊名叫「桃園神社」，以精緻的仿唐式結構和原木呈現，饒富古意，具有歷史意義及古蹟價值。

我漫步登上神社大殿前的石階，無意間聯想起某一年到北海道神宮參訪的歷程。

那一天，斜風細雨綿綿不絕地自天際飄下，神宮前寬闊的碎石路一直向前延伸，表參道兩旁矗立著高大的春榆和柏樹，薄薄的天光流瀉在林樹間隙，才走上幾步路，神宮樣貌立即展露眼前。

霪雨霏霏的北海道神宮，寺內不見幾個人影，除了旅行團的人潮，便只是幾個打掃表參道的清潔人員和警衛。雨中的神宮屋瓦像是被清洗過一般，呈現出閃閃晶亮的光澤，使得這座祭祀北海道開拓之神的殿堂，看來越加莊嚴肅穆。

登上幾級石階，神殿赫赫出現眼前，使人如置身在氣象萬千的景物前，不自覺撩起開闊的愉悅神情；從神殿前眺望表參道兩旁的春榆和柏樹，或仰望殿宇鱗次櫛比的神宮，油然衍生一種畢恭畢敬的矜莊肅靜情愫，儼然佛家弟子那樣升起祭拜神祇的崇敬心。

被層層大樹環繞的神宮境內，古木參天，環境優雅，氣氛莊嚴肅穆。奉祀歷代天皇及開拓北海道有功的間宮林藏及伊能忠敬，是北海道人心靈寄託

◀手水舍
▶桃園神社石階

的所在。

我站在大殿前，看見一位腳繫塑膠雨鞋的老婦人，走向神殿，跪在祭拜臺，雙手合掌膜拜，半晌後退出大殿，佇立在神殿簷下凝神瞻望，看得出一副意猶未盡的感動表情。

這是一種虔誠吧！我感到不知神宮的哪個方向有一道光亮的氛圍正在迴旋，大概是霏霏細雨在薄薄的天光下輝映出來的白色殘影吧！那黯淡白色的光影，落在神宮天際所凝聚起來的清明感覺，就像老婦人站在簷下瞻望神殿的心情，充滿絕無僅有的虔敬光輝。

我的視線是一條通往明清心靈的幽靜之路，神宮素雅的長廊，安安靜靜，叫人心情放肆不得，我近乎緘默地站在神殿前，看閃爍白色光影的雨中奇景；初秋的天空，正像我無法前進到神殿內，看清神祇的面貌一樣，依稀不明，但我相信祂的內部必定隱含著某種神聖不可侵犯的威嚴種子，否則，那異於尋常的早秋天空也不致於會覆蓋著如陰晦的刀鋒寒光那樣，在我根本來不及辨識這是怎麼一回事時，神宮已籠罩在一片濕漉之中。

▲神社本殿

無意間，我聽見一位台灣團的老婦，一臉神采奕奕地跟身旁一位年輕女子說：「這雨真是奇怪，每次只要我到廟裡拜拜，就會遇到落雨，是興旺吧！」

今天我路過的桃園神社沒有下雨，有雨的日子根本不可能走到神社來，我不喜歡淒風苦雨。

花了短暫時間，我把這座神社仔細瀏覽一遍，幾幢日式建物，清清幽幽，寧靜祥和，神社內殿遺留的古蹟不多，可惜大都被歷史的後來者破壞了，如今還能留下一些陳跡，靜靜矗立在虎頭山麓，算是不幸中的萬幸了。

極力剷除與滅絕前朝遺留下來的異己建物，向來便是漢民族的本色，這就遑論曾經治理台灣五十年，日本官府的各項建設了。桃園神社能安然躲過被完全滅跡的浩劫，勉強留存下來，必然是不可思議的奇蹟了！

我在告示牌前面詳細閱讀了關於這座神社創建的沿革解說，這是旅行者必然的動作，我想從告示牌的文字說明進一步認識桃園的歷史。歷史文化，恆常被寫在寺院或寺廟的建築裡。

桃園神社於昭和十三年（一九三八）建造落成，由日人春田直信設計，目的在庇護桃園轄區民眾。社格明定為縣社的桃園神社，除了奉祀開拓三神（大國魂命、大己貴命、少彥名命）、北白川宮能久親王，再加祀掌管五穀豐收的豐受大神及明治天皇。

神社的設計融合了唐式、日式、台式的建築風格、藝術美學和精緻工法。現存本殿、拜殿、社務所、手水舍、鳥居及石獻燈，保存規模尚稱完備，為了建築品質，其地景規劃、設計、材料選用，特選宜蘭深山的台灣檜木，所以建物仍能保存至今，少有損壞，這跟施工手法皆屬上乘，以嵌接方式固定樑柱，不施釘子有關。再說，屋頂採用歇山頂，呈現莊嚴古雅外貌，斑斕可觀。

國民黨政府遷台後，桃園神社權充「新竹縣忠烈祠」，一九五〇年更名「桃園縣忠烈祠」。主祀神改為鄭成功、劉永福、丘逢甲，並在大殿設置反清、抗日烈士靈位。

▲神社拜殿
▼神社拜殿後側

十分諷刺的歷史。

一九八五年，桃園神社因乏人管理，年久失修，縣政府計畫夷為平地，重建鋼筋水泥結構的中國宮殿式建築，並進行公開競圖，消息傳出，輿論及學術界譁然不已，各界激烈爭論。直到一九九四年，神社終被完全保存下來，縣政府耗資新台幣八百多萬元加以整修，桃園神社才得以正式被列為國家第三級古蹟，獲得永久保護。

文獻資料說，所幸這期間大多數人能用比較客觀而精確的態度看待歷史，保存歷史，見證文化的藝術價值。

上石階、下石階，不累，不累，我想起日本國民大作家夏目漱石一段到寺院參禪的往事。

向來主張靈魂獨立和自由的夏目漱石，曾經到鎌倉的歸源院參禪，意圖透過禪修尋找解脫心靈受困之道，直到隔年一月，未及一個月，仍舊失敗。

參禪不成，他把經驗移植到長篇小說《門》，詳盡描述主角宗助參禪的心境與過程。宗助為了過去的罪過，內心始終不得安寧，只好前往鎌倉參禪，意欲追求「風吹碧落浮雲盡，月上青山玉一團」的平和境界。禪師提問，父母未生他之前，他的本來面目究竟為何？冥思深慮了半天，宗助依然不得其解，最終灰心喪氣地步出寺院山門；就在宗助回頭想再度敲啟山門時，已無人回應。

小說表露宗助對參禪的失望，也等於說明夏目漱石對參禪的失望。當然，宗助的感受並不完全等同現實世界中，夏目漱石的感受，不過宗助的感受卻深刻透露出夏目在鎌倉參禪失敗的體驗。

夏目漱石後來為文敘述：「我不知道禪是什麼？從前參拜鎌倉的宗演上人時，他問我父母未生我之前，我的本來面目是什麼？我瞠目結舌，不知如何應答。我是個未曾見過自己本來面目的門外漢。」

參禪一如閱覽歷史，豈能一知半解，不知不解，如若一知半解，不如不解。這樣看來，我雖然來到桃園神社參訪，確乎也是個對桃園文化與桃園歷史不了解的門外漢了。

◀神社老松樹

虎頭山環保公園

虎頭山看見桃園

虎頭山環保公園 / 南崁溪

登高看遠，也要有好眼力，否則所有景物越看越模糊，以為好像真的看見了什麼，卻什麼都沒看清楚，就急著表白說明。

虎頭山看見桃園

有歷史紀錄以來，桃園東北方早已高踞了一座虎頭山，一條南崁溪，沿著臺地領域，清晰地標示出桃園周遭的山水風景。

每座城市理所當然要有一座陽光朗朗的綠色山脈和一條清澈水流的河川，利於扮演城市呼吸者的命脈。這一天，我在虎頭山環保公園的觀景臺上，靜靜看著溫和的夏風搖曳著日光，以及成群漂移的白鷺鷥，像風一樣和緩地穿過樹林間，流向山腳下的南崁溪。

避開車站附近喧囂的吵雜和混亂，我來到環保公園的觀景臺，平靜地觀賞桃園景色，觀景臺草地上透明的空氣顯得如此輕盈，陽光捉住我的心，使我沉澱的情緒仿如能嗅聞到茉莉飄香。

飄香的茉莉，讓我記憶起居住台北期間，喜歡在舊家的後陽臺眺望師大運動場的小葉欖仁樹、經常在電梯出入口撞見鄰人習慣板著臭臉的怪模樣的舊事，這些，每一樣都在我初到桃園生活的許多個日子徘徊，使我的心徒然破了好幾個洞，洞的上方還有涼風輕輕掠過，後來，時間教會我放鬆這口氣，讓我把這些曾經駐守在心裡，幽暗的往事，逐一塞回到原來的地方，刻意遺失。

午後，陽光熾烈的虎頭山環保公園，我被眼下高樓華廈櫛比鱗次的遠景迷惑，原來，桃園就長成這副樣子，城市建築搭蓋得紛亂茂密，每一幢看來無與倫比的高大豪宅，被陽光照耀出一大片亮眼的光芒，無聲地在大氣中籠

▲從虎頭山看桃園市街
▼觀景臺

罩下來，一逕穿透每一幢宏偉大樓的玻璃帷幕，折射出令人閃躲不及的刺眼亮光。

這一座由舊垃圾掩埋場，經由政府單位規劃復育成為綠地的公園，像是桃園的屋頂，從觀景臺可以遠眺龜山、桃園、八德、蘆竹及大園等全景。秋天時，山上植種的芒草紛紛轉呈黃褐色，綿延不絕的斜披虎頭山，使山麓形成了幅員遼闊、大自然變化無窮、爭相競豔的虎頭山公園的美景。

屬於桃園最高的山岳平臺公園，占地約二點五公頃，公園設有望遠鏡、座椅、停車場以及景觀涼亭等，全區由太陽能與風力發電。仿若經由人工精雕細琢整理過的觀景臺，不僅擁有絕佳遠眺桃園景致的優勢，其中樹林、草原茂密，聚集眾多稀有鳥類與高山植物。

因為這樣，從觀景臺俯瞰桃園夜景甚為華麗，黃昏之後，從平地前來平臺小店喝咖啡看風景的遊客絡繹不絕，這些人都為欣賞璀燦的燈火與星空而來。

我到虎頭山環保公園，在觀景臺見到幾棵使人動容的老樹，以及戀人們躲到陽光普照大地的樹蔭下，像電影畫面那樣親暱動作的景象，使人無法不一一

▲躺臥草坪的悠閒情侶

映入眼簾；等到黑暗來臨，星辰鋪滿整個夜空，桃園最亮麗的夏季景色就在這裡，沒騙人，這絕不是謠傳的把戲。

有幾片雲緩緩流過天際的夏日午後，散步到清風徐徐吹來的虎頭山環保公園，感覺沉積在地面的無聲氣息，正被天空藍一點一點融合，虎頭山麓這片空曠的草地，或許沒任何足以引人注目的建築景觀，幾棵大樹，三座涼亭，一塊兒童遊戲地，以及幾處可以躺臥午寐的樹蔭，其他就是大片綠油

▲虎頭山下南崁溪

油的草坪，如此而已。這樣就好。

低密度開發的環保公園觀景臺的最前方，可以清楚看見繞道山腳下的南崁溪，流經大檜溪橋的桃林鐵道，穿過和緩平整的綠野，越過都市民家後院，就像從地平線上綻放一道銀色光芒的白花花波光，好比雪白色。

二〇一六年元月二十四日，超級寒流過境，虎頭山頂飄下一場小雪。細雪，踏踏實實飄落桃園，飄落虎頭山，山上的環保公園，山下的南崁溪。

發源自桃園坪頂臺地樂善里牛角坡的南崁溪，舊名青溪，總長度三十點七十三公里。流域面積約有兩百一十四點六平方公里。若包含其他支流坑子溪、茄苳溪、大檜溪、楓樹坑溪等，全長約四十四公里，最後經竹圍漁港流入台灣海峽。

也許，找個想出門的愜意時間，到南崁溪畔的自行車道，騎乘單車自由行，仔細瀏覽桃園的真面目。

……記得戴頂鴨舌帽，桃園的陽光和強風都很帶勁。

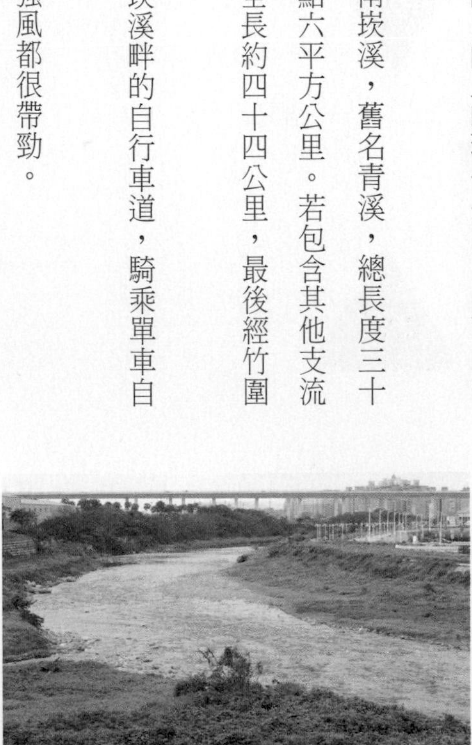

◀彎彎南崁溪

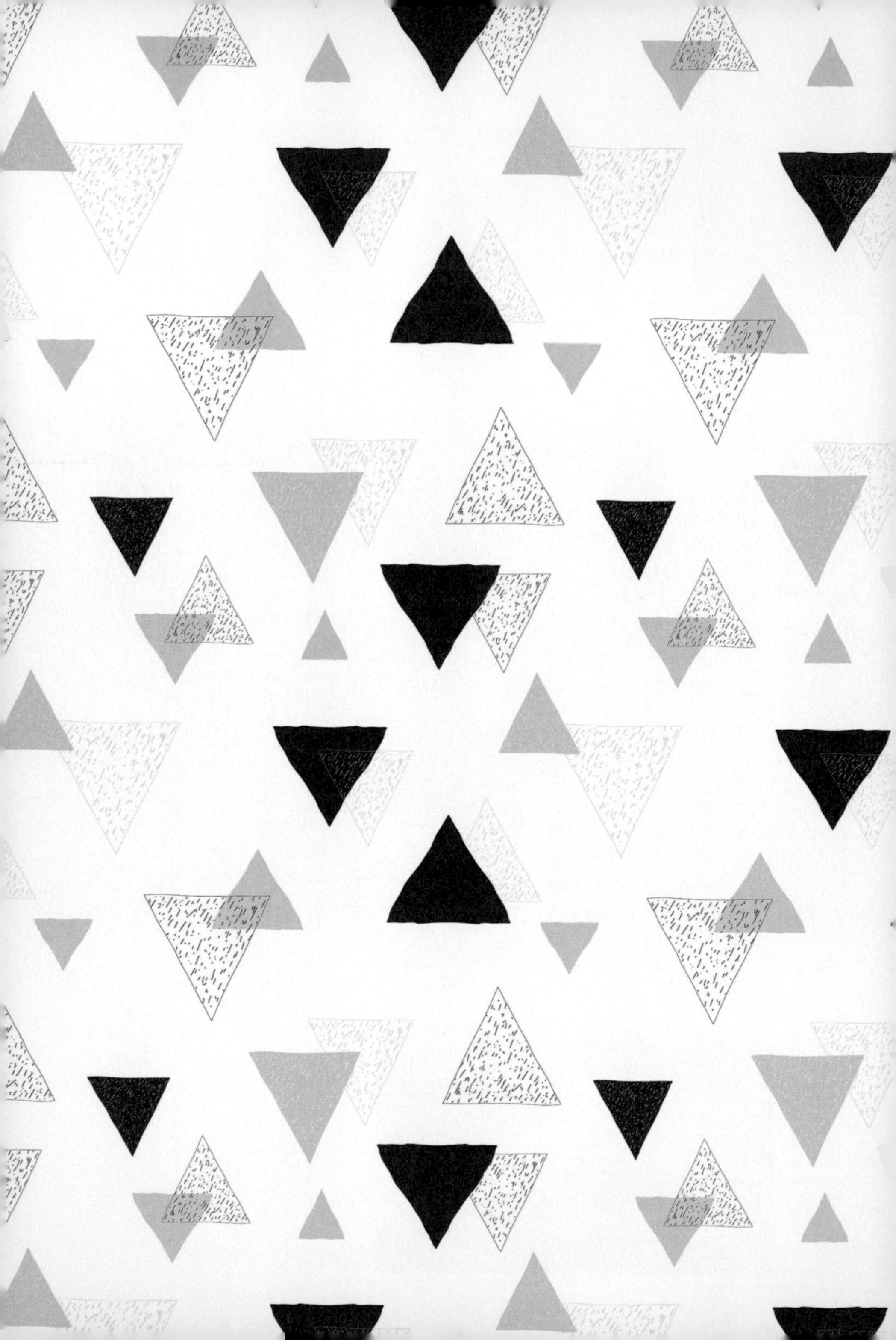

國王的御廚徐國斌（徐國斌提供）

國王的御廚

徐國斌／國王烘焙／Bistro181法國餐廳

麵包要好吃，只有三大要素：「第一、麵粉；第二、麵粉；第三、還是麵粉。」好的麵粉，有著濃郁的獨特麥香，這才是麵包的根本。

——徐國斌

國王的御廚

安詳寧謐的假日午後時光，我跟小兒子在他的房間聊天度過，漫不經心地閒話家常，我們偏愛評論南平路一無是處的餐飲小吃，多年後，不僅已經喪失胃口，連過去青睞的好奇心都在「實在有夠難吃」的評語中，降到冰點。對我來說，南平路絕不是網路鄉民讚揚的美食街，事實上一點也夠不上美食的稱謂，因為一到用餐時間，整條馬路的人車塞得爆滿紊亂，好像除了幾家小吃店之外，就沒其他地方可去，即使連口味口感都普通到如此爾爾的滷肉飯、鐵板燒、鵝肉麵店也是經常座無虛席，我不曉得理由何在。

我以玩笑口吻跟兒子說，等我把預計出版的書完成後，不再寫作，我想找一間可以種植紫色花卉的花圃店面，依照我寫《微笑，花散里》的內容場景，開業經營「花散里文學咖啡屋」，理想中的咖啡屋要用日本平安時代的圖像為布置背景，所有咖啡餐點名稱一律使用古典文學名作《源氏物語》的

▲龜山區「國王烘焙」複合式餐廳（徐國斌提供）

主角名字命名，連同咖啡杯、餐盤也要用《源氏物語》繪圖為藍本；甚至妄想在店內兼售經典文學書籍，中文的、日文的，營造文學的幽玄氣氛。

喜歡堆疊「樂高」城堡的兒子一派理直氣壯地回答：用「文學」當口碑號召，肯定「門可羅雀」，不如開一家「樂高咖啡屋」，保證「門庭若市」。

是嗎？文學這麼不得人心嗎？

小兒子回答，「樂高咖啡屋」可以是「療癒系」，「文學咖啡屋」只會使人得憂鬱症。

這什麼話？

小兒子「很有志氣」地說，等他進入職場賺錢，要把台北住過的房子買回來；我笑稱：「買不回來了，買回來做什麼？」他回答：「我二十歲以前的記憶都在那裡！」結果，錢還沒賺到，卻搶先耗費掉近三十張千元大鈔，買來五幢組合式的「樂高」房子，電影院、消防局、市政廳、寵物店、百貨公司。五天組合五幢房，聊備一格。至於賺大錢買屋經營咖啡屋的事，後來就不了了之。

我不懂餐飲經營，每日接觸飲食，卻對美食毫無所悉，一概不通不曉，沒有溫度，即使夢想開間文學咖啡屋的意境生動美好，也只能隨時間消逝而任其荒蕪了。

作夢畢竟仍是夢，夢，果然不能拿來當飯吃。直到夏日某天，任職中原大學的世新學弟陳俊銑邀我和幾位友人，在龜山區的「國王烘焙」複合式餐廳，與熱愛藝術的桃園文化局長莊秀美相見，從而同時認識餐廳主持人徐國斌師傅。

▲陳銘磻與徐國斌在「國王烘焙」

▲文化局長莊秀美（前中）帶領藝文人士拜訪徐國斌（後中）

出生苗栗的徐國斌，十三歲跟隨姑姑負笈法國；十五歲師承法國烘焙名人Borucki學做麵包；十七歲進入法國CFA DE CHAMBRE DES METIERS MEAUX烘焙專業技術學校研習烘焙；十八歲取得甜點師CAP證照。畢業後，在巴黎開設BOULANGERIE DU CHATEAUX及AUX SAVHVR連鎖麵包店，並以優異的烘焙手藝，擴展巴黎三家麵包店的規模。未料年輕氣盛，因故結束麵包店的經營，開始成為麵包派遣師傅，兩年內陸續在近八十家麵包店工作，學習烘焙工法。這段不算短的歷程，為他奠定正統法國麵包的技藝，他秉持這套即使在法國也一樣會堅持「傳統麵包工法」的烘焙師所傳承的純正技術，在法國烘焙界贏取「小王子」的美譽。

法國習藝烘焙二十五年，徐國斌深諳法國深厚的西點美食文化，信手拈來，即可創作令人拍案叫絕的法國麵包與正統的法式料理。

這段神奇的經歷事件，不正是一九六二年獲得日本「直木賞」的作家杉森久英的傳記小說《天皇の料理番》的翻版嗎？

這部小說曾被三度改編拍攝成電視劇，台灣播出的劇名叫《天皇的御廚》，描寫大正、昭和時代宮內省大膳頭秋山德藏（小說主角名叫秋澤篤藏）從事西點料理，顛沛流離的一生。主角秋山德藏出生福井縣武生村秋山家，自幼好奇心旺盛，長大後卻是個做什麼都只有三分鐘熱度的年輕人。有一天，無意間吃到美味的炸豬排，決定上京以成為西洋料理廚師為目標，因緣際會進入東京的華族會館，擔任低階的雜役工作；之後，秉持對夢想的執著與熱情，懷抱跟哥哥周太郎的約定，發願「成為日本第一廚師」，順利前

▶「國王烘焙」法式麵包（徐國斌提供）
◀「國王烘焙」創意料理（徐國斌提供）

往當代日本人極少機會能去的法國巴黎，進行研習西點料理的艱苦修行。身在族群意識極端偏差的環境中奮鬥的秋山德藏，不久，成為世界最高級酒店的廚師，且以二十六歲的年齡，登上頂峰，獲選為日本宮內省大膳頭。如此禮遇，幾經反覆轉折，他最終還是接受宮內省的聘令，返國成為「天皇的料理人」，專司侍候天皇與皇后的日常飲食，以及國宴料理，直到二戰結束。

旅法學藝二十五年，二〇一二年返回台灣的法國烘焙界赫赫巨星徐國斌，返國不久，隨即在新北市新店創立「國王烘焙」店，很快以其堅持天然食材無添加的原味麵包，以及讓人驚呼神技的精湛手藝，吸引不少美食饕客。後來他又受邀來到桃園，在鄰近龜山工業區的「明興街」與「山鶯路」交叉路口開設「國王烘焙Bistro181法國餐廳」。

餐廳裝潢採取低調而不失氣派的氣氛，門口擺放貴氣的琉璃藝術品，並以深色系實木作為陳設基調，動線寬敞，櫥櫃明亮潔淨，麵包櫃的玻璃窗兩面均可開啟，使人不覺愛上這般簡明而俐落的空間設計。徐國斌說：「國王烘焙堅持採用法國麵粉。我們堅信『只有用法國麵粉做的麵包，才叫法國麵

包。』這是麵包的靈魂，我們高度要求自己，做法國麵包，就需要做出法國麵包的靈魂，而不只是徒具軀殼而已！」又說：「對國王烘焙來說，每一位消費者都值得被當成國王般地對待。這不止是口號，而是落實在『國王烘焙』的執行步驟，就像在台灣到處可以買到的可頌，『國王烘焙』只使用法國的無鹽奶油，讓消費者在咀嚼過程，每一口都能充分感受到濃郁的奶香，有如國王般的享受。」

好會說話的大師傅，不過，說得既中肯又實在。

到訪過國王烘焙Bistro181法國餐廳的消費者便如是記下餐後感想：「牛肉塊已經先用外國香料與紅酒醃製，所以吃起來明顯感覺到紅酒回甘的淡淡香氣，每一塊牛肉都好有厚度而且非常軟嫩！這至少應該煮過三小時了吧，牛肉入味好吃，二四九元可以吃到這道料理，個人覺得很超值，牛筋部分也是軟Q好吃，但還是要趁熱吃，否則冷掉會變乾。」

對於烘焙部分，又說：「國王派外皮酥，內層就比較硬一些，杏仁奶油內餡香味有出來，但明顯點更好，說真的，加價附餐可吃到國王派已經滿感動，喜歡吃的話，一樓烘焙區有賣整個派！當然，國王派價格本來就不便宜。」

就在龜山的山鶯路上，可以吃到法國烘焙界巨星徐國斌師傅精心調製不添加麥芽精、膨鬆劑、防腐劑、乳化劑&hellip&hellip等人工添加劑的烘焙物，各類法國麵包、蘋果派、檸檬樹蛋糕等西點，以及驚豔絕倫的法國料理。還有，可口的果醬沾料、進口健康油品，或是葡萄酒、紅酒與其他飲品。

以驚人的天分和意志力，成為獨當一面的西點料理師的徐國斌，努力成就了西點餐飲的時代傳奇，路過龜山，豈能不到「國王烘焙」品嘗國王級廚師的料理。

▲▲「國王烘焙」桃園龜山店的法國料理主廚
▲「國王烘焙」法式料理牛排
▼「國王烘焙」法式料理冷盤

八德埤塘生態公園

水草岸遛小孩

八德埤塘生態公園／兒童文學作家謝鴻文

去八德旅行，請順路到興豐路埤塘生態公園看看水鴨，看看兒童文學作家謝鴻文，日子過得好不好，幸不幸福？仲夏夜夢境，水池有溫度唷！

水草岸遛小孩

八德埤塘自然生態公園位於八德區興豐路旁，占地約五公頃，公園以自然生態為主要概念修建而成，二〇〇八年七月完工啟用。這是經過拆除違章及維護清理後施工，並將整座埤塘以自然工法建造的生態公園，做為八德居民的休閒場所。

不論從鶯歌或桃園方向過來，還未抵達久聞盛名的這座公園，沿途興豐路，挺直的馬路好似沙漠中荒涼的寂寞公路，根本看不到盡頭，唯一能慢慢眺望的就只有街道清一色高度差不多的房屋，有些簡單，有些蒼茫；我的心情不免流露慌張的樣子，原來只是單純要去會見一口埤塘而已，我卻誤以為打算參見什麼似的，一副慎重其事的樣子。新來乍到，確實有點適應不過來，張皇失措得有些超過，以致使得整個人差些無法從座車甦醒過來。

公園造型仿照舊有埤塘農舍的樣貌修建，從入口處穿過林間道路，便是

◀埤塘視野遼闊

一座周長不短的大埤塘，看來像是把河水流域擴散開來而形成的弧形水池，一望無際的水面好似被沖洗過一樣，形成不自然的曲線，光景遠比想像中幽靜許多。

埤塘在陽光照耀下，充滿水深濃密的沉沉色澤，水池四周花木扶疏，長滿茂密的水草，埤塘內養殖不少錦鯉、紅面番鴨、鴛鴦、白鵝，以及香水蓮、荷花等多樣性生物、多孔性生物，水岸又以幾座木棧道連接觀景臺和小涼亭，池畔遍植迎風搖曳的垂柳，秀麗清雅的珊瑚樹、仙丹花、野薑花、長苞香蒲、水丁香，景致飄逸如畫，安靜得彷彿只能聽見人群喧譁的聲音。

與其說這裡是桃園千埤萬塘中少數絕無僅有的水池公園，不如說桃園的埤塘都長得這樣鄉野風情嗎？

這是例假日，岸上遊客交織簇擁，老人、小孩、年輕夫妻，還有幾隻不知是誰家帶來的小狗，分別穿梭在園區的「森之散步道」，以及水草岸的「森之亭」。感覺到埤塘遛狗、遛小孩，近距

離親近水面，別有一番幽趣。我走上「高架涼亭」以制高點的方位，一眼看盡整個園區的水景色。夏季最後一抹亮燦的日光下，望著水草岸的小孩正淘氣地跟游移在埤塘的幾隻番鴨對話，談些什麼？不知道。一隻狗就站在旁邊焦躁而熱情的嗅聞番鴨自在悠遊的氣味。

這曼妙的情景，使我想起某年雪季在日本東北白鳥湖看天鵝，雪片紛飛的冷寂模樣。

白鳥湖本名「豬苗代湖」，日本第四大湖，位於福島縣中央，面積一〇四平方公里，水質澄清，呈藍色狀，寬廣有如海洋，舉頭眺望湖邊晴朗的青空，和遠方景色秀麗的會津磐梯山相映成趣，所以又稱「天鏡湖」，因為從西伯利亞飛來過冬的白天鵝群聚，數以千計的天鵝在湖畔嬉戲，游移湖岸，蔚為奇觀。

離豬苗代湖不遠的會津若松市，則以「鶴ヶ城」聞名。「鶴ヶ城」的傳說，敘述一八六八年明治維新初始的內戰，會津藩的守軍之一白虎隊少年集體自刎的壯烈故事。白虎隊員短暫的青春生命，如櫻花絕美飄落，卻也同時

▶埤塘的小橋流水景致

▲生態埤塘植物

傳述日本武士道哀戚的殉死情操。

後來，著名詩人土井晚翠以「鶴ヶ城」為背景，創作〈荒城之月〉為題的四段歌詞，道出詩人對舊城遺跡以及少年白虎隊的武士魂魄，徒喚世事榮枯的一兩聲惆悵。

雪啊！白天鵝啊！當年在白鳥湖畔，遙見彼岸的會津若松鶴ヶ城傳來的悲悽故事，悄悄撞擊心房。春天能夠欣賞滿山新綠和野鳥，夏天可以盡情野營、滑水板運動、划船、湖泳，秋天可以觀賞翩翩紅葉，冬天可以玩雪，賞天鵝的白鳥湖，我特別喜歡見識湖畔那幾棵孤寂的枯樹上垂掛的雪落無聲。

如今走進八德埤塘自然生態公園，這裡有草地可以休閒野餐、玩球逗狗，有埤塘可以觀賞水鴨，卻不能划船、湖泳。輕巧走過木棧道，試著想像，這麼優雅的埤塘為什麼不能取個好聽又好記的名字，就算水鴨塘也好，香水蓮塘也罷，便是這個八股傳統的「八德埤塘自然生態公園」名稱，讓人見了毫無動心動容之念。

是誰？誰在雪地吟唱那首曲調悲涼的〈荒城之月〉？是誰？誰能為八德這口擁有不少湖景色的埤塘創造美麗生動的人文篇章？

「飛機漸漸接近台灣上空，即將降落時，駿明從空中俯瞰。他看見了桃園臺地埤塘密布的景象，水面上波光耀眼，宛如天使灑下的鑽石。」兒童文學作家謝鴻文在著作《埤塘故鄉》如是寫道。

提起會津若松，使人聯想到詩人土井晚翠的〈荒城之月〉；提起八德，便想起一九七四年兒童節出生桃園，自少年起便致力兒童文學創作，擔任兒童劇場「SHOW影劇團藝術總監」工作和林鍾隆紀念館執行長的作家謝鴻文，秉持台灣兒童文學啟蒙者，出生桃園楊梅的林鍾隆老師一生熱愛兒童文學創作的精神，銜命主持林鍾隆紀念館，全心全力傳承兒童文學和兒童戲劇，為孩童提供豐富多元的人文養分。教課之餘，謝鴻文還一面尋思文學創作。年紀雖輕，相關著作卻不少：《凝視臺灣兒童文學的重鎮》、《黑瓦上的魔法》、《埤塘故鄉》、《雨耳朵》、《桃園文學的星空》等，都跟他出生的桃園八德有著密切的情感結合。「林鍾隆兒童文學推廣工作室」當前設於八德區介壽路二段。

走在有水，有雲，有陽光的八德埤塘自然生態公園，不免湧起雅興；走過台灣兒童文學作家謝鴻文的創作靈動地景，充滿神奇美妙。日本仙台有土井晚翠的〈荒城之月〉詩作，桃園八德有謝鴻文的《埤塘故鄉》之作，使人傳誦讚嘆。

▲▲寫下《埤塘故鄉》的兒童文學作家謝鴻文攝於八德埤塘
▲埤塘池水工法
▼幽靜的生態埤塘

大慶洞的大溪橋壁畫

到大溪遠足彼日

大溪神社 / 中正公園 / 大溪橋 / 崁津大橋

一座橋見證一段變動的歷史，季節過去了，歲月走了，漫步長長的大溪橋，看見大漢溪流過大溪，看見美麗的崁津大橋橫跨兩岸。

到大溪遠足彼日

這一年的夏天特別匆促，十月初的熱浪被不明確的氣流吸走不見了，天氣變得晴朗許多，我和家小歡歡喜喜到大溪遠足彼日，陽光溫和，初秋的桃園以一種可喜可愛的容顏現身。我早早起床，乘坐市區巴士到火車站後站，開設了不少間泰、菲和印尼商店的延平路搭乘客運車，再從介壽路經八德大湳、更寮腳，最後進入曲折山路，抵達大溪門口。

緩慢行進的客運車，從八德臺地行走到以俗稱「干樂」的「打陀螺」見聞於世的大溪，我唯一能夠靜靜眺望這座市鎮的時間，就只有這個時候，我被沿途丘陵地的自然美景吸引。

旅行的心情必須像隨行的陽光那樣，充滿亮麗可掬的喜悅和蓬勃朝氣；當客運車從桃園市街，把同行的旅人一路平安送抵大溪山水交迭區，看見山林下的大漢溪和大溪橋相互橫跨，美好的心情就這樣不自覺地被周遭亮燦燦

▲大漢溪
▶全長二八〇公尺的大溪橋

的秋陽輕輕喚起。

山水美矣。就算事實果真如此，這不正是一種美麗的束縛嗎？

我用這種寂靜心情，走進「大溪中正公園」，沒有驚豔，沒有驚異，再以寧靜可以是心靈無上高雅的實相這種見解，瀏覽園區景色。擁有碩大樹幹的老榕樹，盤錯的樹根，枝葉茂盛的樟樹、九芎、楓香、茄苳、黑松、桂花、櫻花等樹種，古木參天、花草茂盛幾達綠蔭遮天，還有改成樓高三層「超然亭」的舊大溪神社，改為「復興亭」的日治時代「忠魂碑」遺址，改為蔣介石行館的公會堂，記錄年代的石桌、石椅、石燈遺跡、改為音樂表演廣場的相撲場舊址、陀螺廣場、武德殿，所見都古蹟，好比秋陽普照，我只在一瞬間看見不可捉摸的歷史陳跡，出現一片縹縹緲緲。歷史在這裡，一樣被竄改，被塗抹不見了。

建於一九一二年的大溪公園，原名「崁津公園」、「大嵙崁公園」，曾被台灣日日新報票選為「台灣八景十二勝」之一。公園居高臨下，制高點可清楚俯瞰大溪溪緩緩流過的水景色。

▶中正公園的陀螺廣場

大溪區尚有原名「新埤」，俗稱「埤尾」，又稱「近龍湖」的慈湖、石門水庫、阿姆坪和頭寮大池的旅遊景點。

綠意盎然的大溪中正公園，秋季的日光在樹林之間閃閃生輝，面對久未再見的歷史古蹟，我確切感受到大溪公園的秀麗面貌和歷史沉靜不語的氣勢，就像現在，當我走進這座歷史悠久的公園，那種忽然從吵雜城市走進寧謐的山林，竟有一時間不能適應的羞澀感慨，認真來說，我根本無法詳細說明這種感受是不是在我遊山玩水的過程，被沉靜不語的歷史拘束了。

公園之外，清風中，我在園區入口處，見到一幢整修過的日式房舍，這是被比喻為象徵史蹟，大溪最初的歷史建築吧！再過去一點，中正路三十七號就是名聞遐邇，受到年輕遊客喜愛的「榕樹下老阿伯現滷豆干店」，一棵老榕樹，一攤滷豆干店，一賣就是半個世紀，前往嘗鮮的人絡繹不絕，擠滿騎樓走道，形成大溪奇特的街景之一。

這時，我要不要入境隨俗走過去呢？

假日人擠人的和平路老街，從面寬窄、縱深長的連棟店面和住宅的「街

◀日式建築的咖啡屋
▶中正公園散步道

屋」走到面臨大漢溪的普濟路盡頭下方，小心翼翼步下石板階梯，我喘著幾口氣，穿過河岸「大慶洞」隧道，豁然開展眼前的便是建於一九三四年，壯麗的大溪橋。這座橫跨大漢溪的大橋，橋頭採用和大溪老街相仿的巴洛克風格，典雅浪漫的設計風情，成為大溪的新地標。

大溪橋始建於大清時代，早期是以竹籠、石塊堆疊興建而成的竹木板橋，為大溪賴以對外連絡的交通要道。日治時期，改建成全長二八〇公尺的雙孔鋼索吊橋。一九九六年，舊橋慘遭賀伯颱風摧殘破壞，後來整修翻新，將外觀重建成跟和平路老街相仿的巴洛克風格的人行道橋，橋頭兩端再個別砌成城堡模樣，橋身兩側的人行步道相對設計成花臺牌樓，呈現復古吊橋型式，天氣晴朗時，橋身兩邊還能清楚看到石門水庫與淡水觀音山的景致。

大溪橋長三三〇公尺，十三根橋墩造型，橋面紅磚、拱門、石雕，平時供作人行走道以及自行車道，汽機車無法通行。到了

大慶洞隧道

黃昏，橋身裝配的七彩燈飾，閃爍出璀璨的光雕，十分迷人。

我喜歡這座復刻版仿製的巴洛克風格的大溪橋，我喜歡這座橋成為旅遊大溪必訪的主要地景，感覺用手觸摸橋身，那巴洛克建築的實體感，奇妙而美好地支配整條大漢溪遼闊的折衝美感，那是流動的河川，歷史的呼喚。

▲▲大溪橋
▲大溪名產麥芽花生糖
▼滷豆干

大慶洞的大溪老街壁畫

請坐，源古本舖

和平路老街 / 源古本舖

時光之流像是在許多年前的某一點上，忽然被切斷了，連切口也沒辦法找到，為什麼會變成這樣？是歷史因果不斷循環的本相嗎？

請坐，源古本舖

無數季節過去了，一條一三五公里長的大漢溪依舊把大溪分割為東西兩岸，文獻說，大漢溪位置較石門水庫低，所以河道被河水侵蝕，形成高起的河階地，河階面積較大的臺地稱作「坪」，有阿姆坪、大溪坪、大灣坪；河階最高的「三層」地勢屬於山區；河階最低的「月眉」地區，屬於低窪區；中間河階，既沒山區的蜿蜒，也不會有窪地的水患，適合開發居住，因而形成了大溪最繁榮的地帶。

大溪最早叫作「大姑陷」。文獻資料說明，一九二三年，桃園地區引進大漢溪灌溉大溪臺地。一九二八年桃園大圳開鑿，影響大漢溪河運，大溪水位下降，導致船隻無法順暢通行，大溪隨之失去產業集散中心的地位，發展停滯，僅剩老街遺留昔日樣貌。

大溪老街既是桃園最早開發的地方，透過大漢溪帆船行駛在淡水河經

▶大溪老街騎樓
◀巴洛克建築風格的和平路老街

▲夜晚的大溪老街人潮依舊

營貿易，造就了不少成功的商號、商賈。日治大正時代流行巴洛克的建築風格，和平路、中山路、中央路三條歷史街屋，不僅規模龐大，建築外觀與牌樓立面一樣完整保留融合了繁飾主義和閩南傳統的巴洛克裝飾圖案，希臘山頭、羅馬柱子和中式魚、蝙蝠等祈求吉慶的圖案相互混合，形成大溪建築的最大特色，這三條歷史街屋，和平路因為開發較晚，老屋保存狀況相對比較好，街市商店林立，十分熱鬧。

其中，坐落和平路四十八號和四十八號之一「金昌」與

「KANG」古宅，擁有一八〇年歷史的「源古本舖」，是一間融合東方古典風格與現代感的生活家飾「雜貨舖」，從外觀看，與「品香食塾」各自為房，實際上第一進之後的空間互通，深具「二崁三落兩過水」的建築風貌，三圓拱廊、鏤空雕花門、石板中庭、老磚瓦、斑駁的紅磚砌牆、老木椅、古井、餅模、竹篩、炭爐、舊昔瓷碗盤，這些源自大清時代、大正時代傳承下來的生活器皿，在自然的光影輝映下，布滿幽幽的懷舊意象，啊！那是我曾經的印記，幼時熟悉的廊道，堆疊歲月和歷史的眷戀陳跡。

前身為「古裕發商號」糕餅舖，被文資局指定為歷史建築的源古本舖，除了販賣古玩意、花布、漆器、家飾擺設、嬰孩抓周的虎帽、虎鞋、虎枕等藝品，如今化身為藝術基地，成為旅人空間，還供藝文團體在百年宅邸表演各類藝術，偶劇、舞蹈、茶道，新古典風格的懷舊概念，別具古早風味，堪稱大溪歷史與台灣文化的縮影。

要到古意盎然的源古本舖享用「品香食塾」主持人古正君和大廚黃瑞真兩位達人根據時節營造出「回來吃飯」的古菜色、飲好茶、看昭和時代的台

▶「金昌」販賣生活家飾
◀「金昌」生活家飾融合台式、日式與中式

▲「二崁三落兩過水」的建築風貌
▼三圓拱廊

▲深邃的廊道餐桌擺設
▼回到陳舊時光，一家人吃飯的感動

灣現代光影、觀賞「不貳偶劇」演出的布袋戲，記得行前預約。

嗯，豆干沙拉、燒豆腐、古味雞捲、燒肉煨蘿蔔、蘋果雞片、四方豆腐、水蒸豆腐、豆漿布丁、綠豆糕、紅棗，都是台灣古味的巧思美食。

我和家人一起散步走到與淡水老街、三峽老街、鶯歌老街並稱台灣四大老街區的大溪老街，周邊有大溪橋、李騰芳古宅、寺院古蹟，以及大溪木藝生態博物館等知名地景，閒逛老街自然還要品嘗傳統古早味小吃，大溪豆干、月光餅、花生糖、豆花、碗粿、湯圓等，充滿台灣風味。廣場還設有服務員解說老街歷史，專人教導打陀螺技能，體驗台灣童玩。

這一條老街，傳述大溪熠熠生輝的人文光澤，我在巴洛克建築的牌樓與「源古本舖」古宅的寧靜空間，讀到台灣建築與傳統文化的歷史美學，就是這一味，留給旅人一層層既苦澀又美好，深深切切的懷古相思。

▼融合古典與現代的古宅陳設

▼日治時期的生活玩意

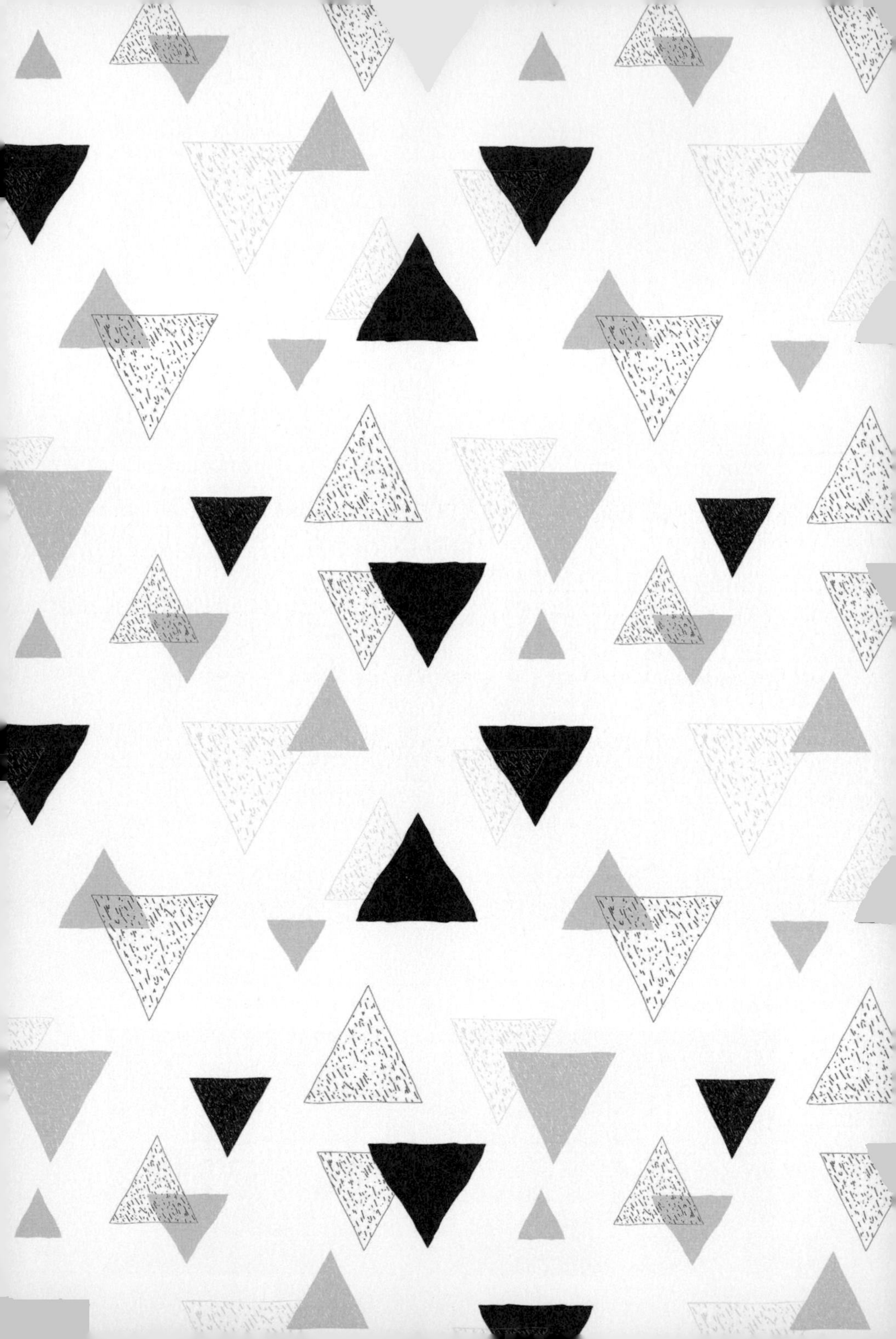

Cosplay女王紅月凌（紅月凌提供）

究極和紅月凌的Cosplay

究極 / 紅月凌 / Cosplay

每個人的每一天，都在從事角色扮演，扮演大人或小孩，老闆或職員，而「角色扮演」是自力演繹角色的扮裝性質的表演藝術行為。

究極和紅月凌的Cosplay

喜歡美少女戰士的紅月凌，以及喜歡假面騎士的究極，是台灣Cosplay族群中人氣最旺盛的夫妻檔。

這一對年輕的動漫迷，二〇一四年以夫妻搭檔演出之姿，參加新竹國際動漫藝術節系列活動舉辦的台灣超級Cosplay慶典總決賽，用「宇宙騎士利刃」為題的磅礴氣勢與華麗裝扮勇奪總冠軍，成為台灣首席代表，前往日本名古屋參加「WCS世界Cosplay高峰會」，跟來自世界二十多國好手一起競逐爭鋒。

「紅月凌」原名張珊郡，曾任知名線上遊戲公司美術設計、女僕咖啡廳店長、兒歌配唱。「究極」原名林翰，從事Cosplay多年，是知名作家，曾獲吳三連文學獎的林文義的長公子。

Cosplay一詞起源於一九七八年，日本最大同人誌販售會（Comic Market）召集人米澤嘉博為場刊撰文時，以「costume Play」指出裝扮為動漫

▶假面騎士究極在作家父親林文義的襁褓中

▲裝扮千變萬化的紅月凌（紅月凌提供）
▲（右）Cosplay女王紅月凌、究極和兒子小柳丁（紅月凌提供）
▲（左）究極的Cosplay裝扮（紅月凌提供）

角色人物的行為，並由日本動畫家高橋伸之於一九八四年在美國洛杉磯舉行的世界科幻年會時確立以和製英語詞語「Cosplay」表示「角色扮演」或「角演」，說明一種自力演繹角色的扮裝性質表演藝術行為。

Cosplay扮演的對象來自動畫、漫畫、電子遊戲、輕小說、電影、影集、偶像團體、職業、歷史故事、社會故事、現實世界中具有傳奇性的擬人化形態，或是自創的有形角色。表現方式是刻意穿著類似服飾，加上道具、化妝造型、身體語言等來模仿劇中角色。

問紅月凌，妳人生中沒有其他具體的夢想嗎？「每個人都有吧！我想過要成為跟美少女戰士一樣勇敢的夢想。」這怎麼會是夢想，很難達成的呀！會麻煩，會鬱悶，想要拋棄卻無法拋棄，像糾纏的線一樣纏繞在心上，無法解下的夢境，才能被叫成夢想，不是嗎？生活在不如意的社會，有人就是被非真實的夢想擊垮。

實踐夢想，有人想要擁有自己的房子，有人想要擁有自己的工作，用自己賺來的錢，吃那天想吃的東西，在自己的房間睡到被窩裡，做些不一定能

◀榮膺台灣超級Cosplay慶典總決賽冠軍的紅月凌與究極（紅月凌提供）
▶Cosplay慶典總決賽（紅月凌提供）

實現的夢。沒錯，就是這樣！身體力行，不論時間長短，夢想終究能成真。

再問她，妳真的想要成為保衛地球的美少女戰士西蕾妮蒂嗎？還有，究極，你真的想成為正義化身的假面騎士嗎？對啦，正是騎士說的那句話：「天在呼喚我，地在呼喚我，人在呼喚我，呼喚我打倒邪惡！我是正義的戰士。」

目前居住在桃園蘆竹南崁的究極和紅月凌，兩人從事Cosplay的資歷超過十五年，紅月凌說，每個人心中都有個故事，有個想扮演的角色，她最想扮演「美少女戰士」。十幾年前，當她還是國中生時，就著迷漫畫家武內直子的《美少女戰士》，第一次前往同人誌會場擺攤的她，看見「水手月亮」的Cosplay，感動之餘，恍然原來漫畫和動漫不只是用畫的，還可以「扮演」！不用說，當時的台灣還處於「看漫畫會變成壞孩子」謬誤觀念的社會，加上Cosplay並不盛行，要想訂做一套「角色扮演」的服飾，價格十分昂貴，國中生零用錢少，家人又無法理解，既然迷戀上這種動漫的角色扮演，凡事都必須私下暗暗進行，紅月凌就在那個「不知天高地厚」的年紀，決定了自己未來的目標。

因為喜愛畫漫畫，喜愛Cosplay，後來選擇就讀美術系，辛勤存錢買中古縫紉機，學習做衣服、化妝，學習許多本科以外學不到的事情。對她來說，接觸Cosplay不是要讓自己玩物喪志，反而因為角色扮演的啟發，讓她的生活與工作展現出更積極的正面能量，甚至在玩家之中遇見喜歡假面騎士，可以攜手一生的伴侶究極。兩人相互研磨、砥礪，終於得有合作機會，在二〇一四年以台灣Cosplay總冠軍的身分前往名古屋參與國際盛會，與日本玩家相互交流。這是當年台灣Cosplay最大的榮耀。

日本是動漫的發源地，喜愛日本動漫的紅月凌與究極，最終以美少女戰士嫁給假面騎士「極異質」又使人大開眼界的不可思議方式，舉行婚禮，成為業界佳話。他們在別具生動的喜帖裡要求賓客必須：一、歡迎大家扮裝，角色扮演Cosplay入場。二、請著輕便易換的角色扮演服裝。三、請勿攜帶武器、大道具入場。

這是怎樣狀況的婚禮？美麗的「公主」終於嫁給英俊挺拔的「王子」了，看在文學家的眼裡，身為主婚人之一的林文義，不僅傻眼，還

說：「即將是一場怎般的婚宴演示？Cosplay角色扮演固然是襲自日本動漫的虛實情境，青春年少群落的異質、耽美新文化，我們這一代人欣羨新人類從崇拜、模仿到落實自我的創意，也逐漸由不解進而賞析其以之肯定自我的過程。」這是扮演舞會還是婚宴之所？林文義說：「所有你可以想見的動漫角色，無一不缺。」

南崁的家幾乎成為究極與紅月凌的Cosplay要塞，問兩人截至目前扮演過多少動漫角色？數不清哪！

二〇一二年起，桃園市政府即於桃園藝文特區舉辦國際動漫大展，展覽內容定位成動畫、漫畫、遊戲、玩具等四元素，具有推廣台灣動漫產業的指標性意義。未來，這兩位台灣Cosplay的要角，究極與紅月凌或將扮演起桃園Cosplay的主要推手。

這樣，桃園人就能在藝文特區幸運見到究極與紅月凌扮裝的假面騎士和美少女戰士了。

▶▶轟動Cosplay圈，究極與紅月凌的王子與公主的世紀婚禮
▶作家林文義身為王子與公主世紀婚禮的主婚人之一（紅月凌提供）

桃園空港啟航的飛機

空港愛別離

桃園國際機場一航廈／二航廈

一個人要永遠持續保護另一個人，似乎有些困難，那就起飛遠行吧！遠遊可以讓人的思慮更周詳，更加接近成熟的智慧。

空港愛別離

桃園因為坐落了首座台灣國際線航空客運站，而成為國門之都。飛機航站的別名，日本人稱「空港」，台灣人習慣叫「機場」。每天以數萬人次，甚至更高紀錄進出大廳，將出入境航廈高漲的人潮渲染成忙碌不堪，好像黃蜂過境，被侵襲得嗡嗡作響。這座一九七九年竣工啟用的機場，雖則有時會因漏水等事件形成新聞，引人側目，由於領域遼闊，鄰近海岸，相對成為台灣所有機場中最顯明的風采、桃園地區最光鮮耀眼的大風景。

我在機場啟用的隔年寒冬，也即台灣還未開放觀光旅遊的年代，第一次隻身從這座機場出發，遠行到日本，陪同父親，進行為期一個月的父子親情之旅。後來的三十多年，我在第一航廈、第二航廈這些地方出入不下百回，卻始終沒能印象深刻記住這座航運站，巍然屹立在桃園的土地上超過三十年了。

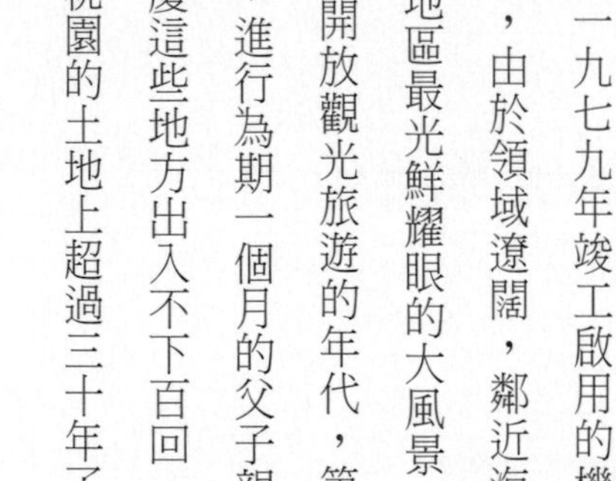

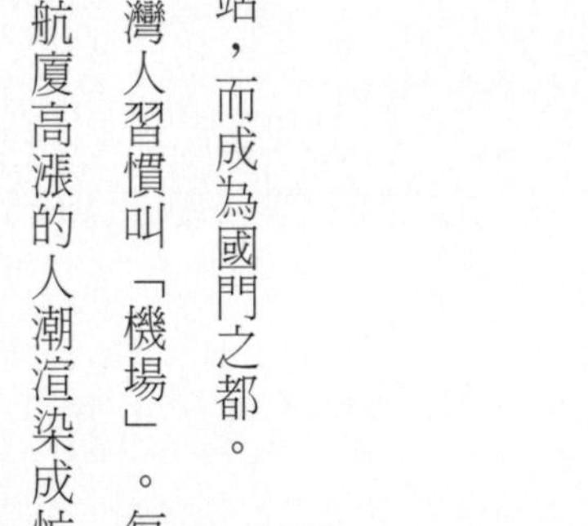

▲飛機啟航了

大概是緣由於下意識的慣性思維吧！我和多數旅行者一樣，總是在這裡重覆演繹著離別與邂逅，出國或回國的情事，大多採取行色匆匆借路轉進而過，專注走自己路的姿態，反而輕易地就疏忽了這座機場正承受台灣人出國旅遊，或是返抵國門必經的關口重任。

人生航路，有時和煦，有時炙熱。每次從桃園機場出外旅行或旅行回來，坐在機艙閉上眼睛，跟隨巨大的機身穿越厚厚的雲層起降，要命，我就本能地想起鄧麗君演唱的〈空港〉。

▶停機坪上的Hello Kitty
◀ 起降中的客運機

什麼都沒有告訴你，
只是對你說：「偶而獨自一人的旅行也不錯。」
雨中的機場，我佇立在登機臺上。向我揮別的你已經漸漸模糊。
請回去吧，回到那個人身邊。我一個人遠去了。
有一個溫柔的人總是靜靜地等待著你的歸來。
從煙雨迷漫的機窗（向外遠望你），
強忍著淚水，默默地跟你說「再見了」。
請回去吧，回到那個人身邊。我到遙遠的地方去了。

揮別總是不忍不捨，有些傷懷的等候會讓人欲哭無淚。為了不讓遠行成為好似生離死別一樣傷感的場景，過去一段長時間旅行的日子，不管想到什麼，感覺什麼，麻煩什麼，我寧願執拗選擇千山獨行的個人行動，便於遮掩分離的萬千感慨。而今，搬遷到桃園，離機場更近了，出國旅行的次數反而減少了，偶然出現也只是為女兒出國返

▼寬敞的桃園空港大廳

國的送機接機而去。

如果能把這座機場想像成色彩繽紛的大銀幕，多好；事實上，她正是一塊天幕，隨時搬演著一幕幕關於送往迎來的人生大戲。這些年，停留在入境大廳等候的時間，遠比從前自己出門逗留在出境大廳的時間還要長，眼睜睜看著變化無窮的白雲，緊緊貼住不斷起降的飛機翱翔在天際的機會也跟著多起來了，我的心忽然感到有些疲累，而疲累的意義，一定不需要有什麼偉大的理由，不過就是不想要再把所有思念的情緒煎熬成一團離亂的憂傷而已。

二〇一三年秋末楓紅的季節，陪伴我在人生顛簸苦難期，協助照應兩位孿生弟弟長大成人後的女兒，為了延續我未能實踐父親寄望我「留日」的冠冕堂皇的理由，決定獨自背負起沉重行囊，一個人踏上前往日本遊學的旅路，她一再強調打算只在大阪住幾年，同時協尋我的父親在日治昭和年代求學大阪，如今恍然不知去向的學校所在。

女兒臨出門那天，我沒多說什麼話，只是發愣站在桃園機場的出

▼空港出關閘口

境大廳，瞅了幾眼牆上那一列翻轉航班時刻的電子數字，沉靜凝視女兒走向出境通道，揮手跟我和她的母親「再見」，我那明顯看得出來的淒冷背影，彷彿鄭重告訴世人，我的心情有多麼黯然沮喪，直問自己，這就是我人生特別的事情嗎？

可女兒那一聲「再見」，讓她母親的眼睛噙滿淚水。我想事到如今大概不要緊了，腦海隱然映照出昭和年間，隻身搭乘渡輪出航東海與太平洋，遠行到大阪求學讀書的父親，臨別依依的身影，那時候，祖父送別他的眼角是否一樣浮現濺濕的淚痕？或者，祖父根本沒去送行？

以前，從台北回新竹家，離去時，父親每次都會問我同樣問題：「下次什麼時候回來？」我千篇一律回答：「不確定！」

現在，女兒搭機離開桃園了，她的母親問她：「下次什麼時候回來？」女兒一臉茫然，恍惚的模樣跟過去我回答我的父親的問題一樣：「不確定！」

人總是希望一生中能有機會顛覆平凡人生的特別事情發生，以便迎接像昨天一樣美好的今天，才算得上最好的奇蹟，就像第九局下半場出現逆轉本壘打一樣的奇蹟。但是，在桃園機場的出境大廳，我期待的奇蹟並未發生，女兒仍然執意選擇實踐自己的承諾，隱隱沒入通關長廊。

不回來也可以，不回來也不要緊，只要平安就行，平順就好。

我是無論如何都不願意看見自己在機場因為跟女兒揮別而流淚的那種人，縱然如此憂傷，彷彿不再會有笑容一般，也要像當年父親告訴我的那樣，如果真要掉眼淚，想清楚之後再哭。

日治昭和時期，我的父親承受他父親的嚴厲指令，送他到基隆港搭乘渡輪前往大阪商業學校求學，返台後，擔任新竹公學校教員，他生性浪漫，不屑鐵飯碗，沒教幾年書，幡然轉業從事酷愛的新聞記者工作，直到去世。

記憶中，父親從不打罵小孩，他用自律、自制和學習獨立的態度教育孩子。我在就讀小學六年級時，有一次進教室前，不小心踩空，讓右腳滑進走廊前的水溝，擦撞小腿，皮開肉綻血流，回到家，抱著愧疚歉意告訴父親：「爸爸，對不起，我沒有保護好自己，受傷了。」他什麼話也沒多說，只默

◀桃園空港航廈大樓

默地為我擦拭傷口。而今，我用同樣方式告訴小孩：「父母生你身，沒生你心。你的心要依仗後天修養堆疊。」

「沒有一個人是能為別人而生、為別人而活；每一個人的今生都有各自的擔子，需要他自己去完成。自己才是生命的貴人。」女兒把我曾經跟她說的話丟還給我。

大海從來就是為了那些不知去向的人而存在的。就算一家人，有些話不說出來，對方還是不會明白的。假裝知道，又什麼都不說，才是最大的問題。「你可不可以不要出國，我們才搬到桃園沒多久！」真正想說的話，我卻怎麼都開不了口。

有個願意放開手，讓孩子走自己路的父親，確實是值得珍惜的幸福！從前，我也曾經歷過那樣的年代。

啟航的天空高不可攀，我的父親到天上成仙已然超過二十年了，再也不能面對著談話。過去，他讓我成為一塊寬闊的草坪，告訴我，唯有被踩踏過的草地才會長出新芽，生命要像被風吹斷的樹枝那樣，重新長出新枝綠葉。

如今，女兒遠遊異國，暫別分離的命運反而使人因為思念，因為距離，因為機場相送的愛別離苦，讓感情靠得更近。

愛別離苦應該怎樣描寫？是這樣沒錯，感情如果真摯，就沒有時間長短的問題。短暫一生能夠遇見你們，真好，謝謝你們給我寂寥的生命帶來許多驚動、騷動與感動，我喜歡這樣的人生，我會毫不猶豫地像個傻瓜似地，在桃園新居等著你們回家。

▲國立交響樂團在桃園空港快閃表演
▼桃園鐵玫瑰劇團在桃園空港快閃表演

千埤萬塘水琉璃

二千八百餘埤塘

透過做任何事，我們才能成為任何人。透過走訪埤塘、遊賞埤塘，我們才能真正認識桃園的過去與人文。一部桃園史，全寫在埤塘裡。

千埤萬塘水琉璃

每一回從海外搭機返抵國門，飛機鄰近桃園大園上空，準備降落地面時，機窗外所能見到的奇特景象，便是臺地上面星羅棋布仿如閃爍光耀的眼珠子一般晶亮的埤塘；白雲沐浴朝陽下，倒映在埤塘，埤塘就變成天空的鏡子，霧跟著雲，天空的鏡子就變成深藍色，或墨綠色。

誰知道桃園哪來這麼多輝耀亮麗光澤，好似水琉璃般神奇的埤塘，這是上天賜予桃園的珍貴寶物，大園、觀音、新屋、蘆竹、中壢、龍潭、八德到處可見，就連行政中心桃園也處處得見。

日治時期以來，桃園曾經擁有高達上萬口的埤塘，先民築堤而成，以浮葉植物穩定水波，阻隔土堤被沖潰，這種使用於灌溉、養殖、蔓衍生態、調節氣溫、維持生物多樣性，繼而延伸生態教學的埤塘，分布的密集程度廣闊，不獨全台僅有，更是世界少見。

▲桃園大圳一之十六景觀埤塘

◀機艙裡看見埤塘

埤塘滋養多樣生物，每到冬季，可見無數前來避寒的候鳥成群結隊聚集水塘，環保人士與攝影者無不清楚，平鎮野埤的小鷺鷥，觀音牛奶埤的黑面琵鷺，以及其他地區的巨嘴鴨、夜鷺、大白鷺、鳳頭潛鴨、台北赤蛙等，豐富了桃園的大自然生態。

不幸的是，過去數十年，政府單位與財團假借都市開發與經濟發展的「美名」，把豐盛了桃園人文生態的埤塘，剷除填平到僅剩兩千八百多口，徒留殘破的景象交織在城鄉僻野之間。後來，經由民眾力圖濕地維護的意志相應抗衡，以及文化部門重現環保意識的雙重護衛下，逐漸受到重視，桃園埤塘生態才得以被列入「世界文化遺產潛力點」。

搬到桃園初始，我曾跟著我的小孩和他們的母親，騎著單車，尋訪位在蘆竹蘆興南路的桃園大圳一之十六景觀埤塘，以及莊敬路二段的莊敬大池。

不過就是面積比較大的池塘而已，有什麼好驚奇的。一開始我是這樣輕率而魯莽地認為。

經過三年之後的今天，我依然能夠清晰地回憶起那幅放逸曠達的埤塘風

景，在陽光和輕柔的微風下，夏天所堆積的悶熱似乎已讓埤塘的自然循環降溫，一池塘水被萍蓬草完全沖洗乾淨的水面，閃爍著湛明碧綠的粼粼水波。

那是一個不可言喻的明亮夏日，午後炙熱的天空暈暈渾渾，人的身體與精神疲累到像是被砂紙磨過似的，我把單車停靠在埤塘入口的堤岸。來這裡散步的、跑步的人很多，還有三五位住在鄰近聚落的小男孩說，他們要跟大人到埤塘釣魚。

他們笑。他們跳。

相信淳樸是來自無邪的心念，我倏然詩情畫意地想起「煙波江上使人愁」的詩句，想到一竿長竹釣足老漁翁閒情逸興的暢快。天好高，看男孩跑，男孩笑，看長長的竹竿掛在扁扁的樹梢，風吹過水塘，輕輕拂動水面再凌空而去，我聽到樹梢的葉子和水面同時發出咻咻聲，還有，對岸遠方傳來狗吠的聲音。

桃園何其幸運能夠擁有如此美妙的「千塘之水」。近三千口大大小小的埤塘唷！

◀桃園大圳一之十六景觀埤塘
◀◀莊敬大池
▶機艙裡看見埤塘

平鎮有埤塘，叫「八角塘」；中壢有「青塘園」，大園有「橫山大埤」，新屋有「後湖塘」、觀音有「崙坪村8-2號埤塘」、八德有「霄裡池」、楊梅有「陳唐埤」、龍潭有「龍潭大池」、大溪有「豆麥埤塘」，每一口埤塘都有自己的名字，自有一個家族故事。二〇一三年，由荷蘭概念藝術家霍夫曼創意推出的黃色小鴨，桃園地區就是在新屋鄉的後湖塘展出，小鴨本來即屬於埤塘生物，回歸池塘最是合情合理了。

我讀桃園市大有國民小學課程領域論文的〈桃園之埤塘介紹〉，寫到：「桃園臺地原係古石門沖積扇平原，大漢溪（大嵙崁溪）由石門出山，原分歧成若干軸射狀之溪，流入台灣海峽，如南崁溪、埔心溪、新街溪、老街溪、楊梅溪、社子溪等皆曾為大漢溪之下游。台北盆地因斷層而陷落，淡水河溯源侵蝕，劫奪原來流於古石門沖積扇上各溪流，成為斷頭河，水系改變，灌溉水源遂成為一大問題。早期墾民挖鑿許多埤塘，號稱萬餘口，以供灌溉。」

現在的埤塘仍具有灌溉的功能嗎？我走在堤岸，偶而站在樹蔭下，陪著豔陽看釣客一副從容垂釣的悠閒好樣。仲夏熱燙的陽光，被風吹得好像正在演奏

一曲鳥鳴、一闕雲語，不斷在埤塘水面浮游出鄉村風貌的幾許款款情韻。

虹為釣竿月為鉤，那是煙波，那是如掌紋不斷擴大水波的埤塘，年輕人坐在堤岸，老者坐在樹蔭下，一竿在握，馳念沙鷗點點，彷若他就是江上漁夫，想著扁舟不自覺地悠悠去來，聊以埤塘底下的鯽魚吳郭魚悠然自在。

我聽見水聲了。無憂無慮的情緒映照著盈盈波光，好比那個孤舟蓑笠翁，獨釣寒江雪的柳宗元，可埤塘不見扁舟，沒有漁翁，只有光影。風在蘆葦叢裡吟誦白雲故鄉。

看見了，魚在浮標下，掀起埤塘水波搖晃出點點金粼。埤塘可以釣魚嗎？誰知道？不必管他輕不輕浮，不必計較規矩，兀自坐在靜謐的池畔垂釣，每個人看起來都像是偉大的沉思者，在細微的釣竿裡，沉靜聆聽這一季蟬鳴的故事。

我絕對贊成，在水湄，在池畔，每個垂釣者都是佛陀，禪定一整個下午。我的目光不時凝視釣竿頭上停駐的點水蜻蜓，這時，身後的單車步道，有人悄然輕騎經過，恰似黃昏親臨大地，陽光迅速溢滿池畔草色碧連天。

▶莊敬大池

漂流陣陣水紋的埤塘唷！我和我的小孩來自仲夏的紅塵，遠離街市人群，獨坐水草邊，看水面清圓，一一風荷舉，幾隻猩紅蜻蜓在彎彎圓圓的埤塘凝神對望，一霎時，鮮活鯽魚的聯想滿滿地淌入沉寂的午後時光。

有人驚叫。

哇！好大一尾草魚。

然後又是薄薄的落日，撒滿水面上的萍蓬草。

池畔臨風，竿在掌中，竹在手中，舒展如埤塘的漣漪波紋，微風哪！水波哪！就在這時啊，世事全在一竿悠閒之外。這不正是一竿垂釣，人在畫中；垂釣一竿，魚在心中。何等清閒，何等抒懷的風情。

桃園好悠閒。誰也不曉得，這個假日午後，怎會有人執釣竿，有人執不住釣竿。至於聆聽慵懶的風語水聲，這麼多人坐在堤岸，站在清風中，靜靜閱讀一枝釣竿的奇幻世界，這樣算不算幸福？

是誰在說，下回最好到青塘園，傾聽埤塘自在謳歌。

◀桃園大圳一之十六景觀埤塘

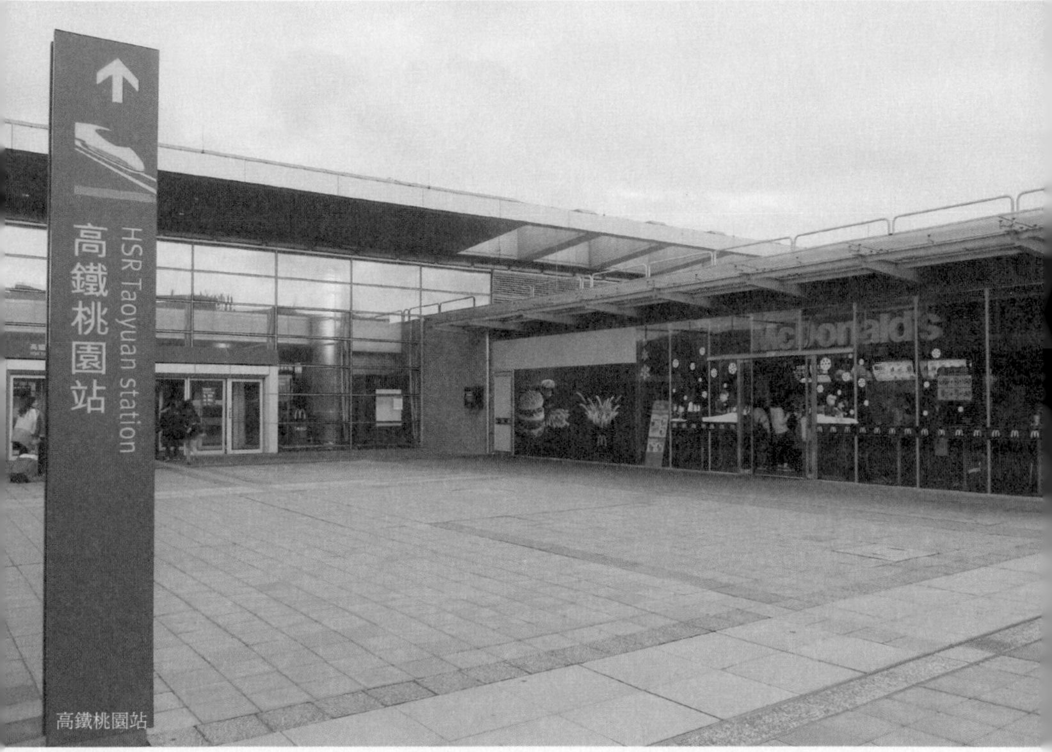

高鐵桃園站

記憶從高鐵站一頁一頁翻過去

台灣高鐵桃園站 / 青埔新市鎮 / 一風堂拉麵

僅管每個人旅行的目的和意義不同，暫別住處，離開舊有的生活氛圍，乘車到任何陌生國度，感染新奇，可也是一種快活的願景。

記憶從高鐵站一頁一頁翻過去

不喜歡乘坐台鐵的理由，不獨因為車速慢，車況差，任誰怎麼看怎麼想，搭乘台鐵都像是被蜂擁的人潮堆疊到難民車一樣，讓人有喪失尊嚴的挫敗感。搬遷桃園後，必須外出到其他縣市旅行、演講、座談或處理事情，我已養成了搭乘高鐵的習慣，即便回去新竹故鄉，僅只需要十一分鐘車程，我也願意多花點錢，這不是壞事。

儘管從桃園到新竹的行車時間短暫，畢竟坐在寬敞舒適的高鐵車廂裡，偶而也會引起幾個微小的懷念波浪在心裡盪漾，這時候我會輕啟心扉，專注看著車窗外的風景，那是內壢，那是中壢，過了楊梅就是湖口臺地，我想起教過書的中興國小，就在裝甲兵營區裡；然後，靜謐無憾地等待那個感情波浪過去。就是了，每個人都有屬於自己出生與成長的故鄉，想到以前從新竹奔波到台北，或從台北回新竹，桃園不過是中途站，如今，這個中途站竟然

▶高鐵桃園站外觀

成為我的後中年時期的人生驛站。

移動的車廂好思念，不免想起我成長在新竹的五〇年代，那是終戰後，台灣受困於戒嚴統治，民生凋敝，生存條件極為惡劣的環境；一個熱愛新聞記者工作的父親、一個潛匿作家夢想的兒子，相遇在風起不斷的新竹市石坊里，他們以唯有相互依存才能保護脆弱生命的親情，感受彼此的溫度；用瞬間無法永恆的舊世代風味，面對不斷重複相逢與分別的人生，讓雨滴化成花蕾的淚水，朝著忠於自己的理想前進的蒼茫年代。

時間逝去了，親親父母遠在天國，我則舉家移居到冬風颳得緊，狂吹起來冰冷刺骨，一點也不會輸給新竹九降風的桃園，安度深居簡出的生活。

父親和母親知道我帶著妻小搬遷到桃園嗎？

忘了，一時間想不起來了，匆匆搬離台北時，我到底有沒有告訴他們這件事？起先沒想到，後來才又忽然想起兩位至親究竟有沒有順利跟著我一起過來桃園。記憶一頁一頁翻過去，我卻沒那麼認真想過，是不是糊塗蟲啊！

記得小時候，牽著我的小手的父親和母親的右手，比任何人都溫暖，他們用人類最笨拙而直接的方式表達真摯的愛。「只有飽經風霜的人，才能見到無窮之美。」多年來，透過旅行、乘車，我時常在車廂座椅上，讓和緩如風的想念從身邊流過，讓波浪起伏的感情漸漸淡去。

或許我確實不是個能放鬆心情在台灣自由自在旅行的人，但人生旅行逼迫我無論如何都必須全程參與個人這一趟永遠無法回頭的生命旅次，而生命之旅是人生唯一的世間旅程，過程中，我會遇見許多人、撞擊許多複雜情事，並且需要在所知與未識的這些人事身上，學習跟別人相處、交往，然後展開偏執或愚昧，明確或可變的人生態度。

我從桃園搭乘707公車到高鐵桃園站來，不論去新竹或台南，不就是旅行嗎？我跟自己示意點頭，旅行不全是為了舒緩情緒，或是單純走出戶外，活絡身心。外出旅行的理由，人人不同；有人只是純粹為了玩，有人想從旅行中增長知識或見聞，有人更想從旅行的過程，讓身心獲得短暫休養。旅行的理由縱有不同，但暫時離開熟悉的舊人、舊事、舊物，然後去到一個新奇、有趣或使人感動的所在，會見鮮明新境，不也是旅行者共同的目標嗎？

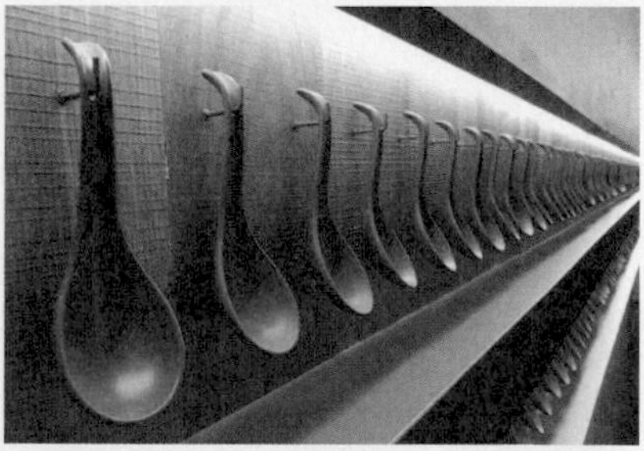

▲高鐵桃園站景觀
▼（左）「一風堂」日式拉麵店
▼（右上）拉麵店入口
▼（右下）「一風堂」拉麵

這幾年出入二〇〇六年十一月十日正式啟用通車，位於中壢區青埔高鐵桃園站的次數多了，這地方無意間成為我人生旅行的新風景，地下車站側式月臺兩座的站體建築，我常在候車時刻進到我在日本旅行經常前往的「一風堂」拉麵店，靜靜享用午餐，或者走出車站，放眼四周華廈高樓林立的新市鎮面容。

四季面貌不同的青埔，秋季天空下，室外氣溫低迷，冷冷的風吹向身體，感覺到冷颼的氣氛，我帶著探奇的心情，漫步在站前廣場。以大塊硬石砌成的走道，沉靜而寬敞的馬路，直直地從高鐵站中心通往前方市街。

青埔成為中壢寧謐鄉間的新興小市鎮，為時不久，少見人影，但見往來車輛，行色匆忙。從高鐵站廣場看青埔市街彷彿屹立在寂寞邊境，冷冷清清地不發一語；這種簡明而安靜的況味，一如曙曦光澤，使人看了心弦為之明朗起來。

看來別有寂然意味的桃園高鐵車站，好像被一股莫名的靜謐力量牽引，不斷從廣闊天光下的閒靜氣息散發出特別清新的風貌。二〇一六年二月底，

◀二〇一六年台灣燈會在桃園青埔高鐵站的主燈
▶台灣燈會「龍潭區公所」燈飾

台灣燈會就在這裡舉行，一連兩個星期，六大展區從高鐵桃園站前廣場一路延伸到青塘園，閃爍千萬盞燈火通明的花燈，頓時成為耀眼的大地珍珠，國際媒體讚譽為「沒有雲霄飛車的迪士尼樂園」。

沒錯，來到青埔高鐵站乘車，我終於領悟到，陌生，是旅行最初的憧憬，也是疑竇的開始；陌生能為旅行時的心靈衝擊或行動冒險，帶來更多出其不意的驚心，並且驚疑渺茫的世界竟然存在著許多過去所不知不解，或難理難解的奇人異事，更驚喜，所有經由出外旅行的所見所聞，遠比沒有旅行時，來得具體而富於意義。重要的是，當旅行成為一種習慣、一種喜愛或嗜好時，人會變得更加開朗與開明。

喜歡旅行的人，必定是博覽見聞的生命智者。

桃園青埔華泰名品城OUTLETS

搭707巴士到桃園OUTLETS

華泰名品城OUTLETS

我們唯一能夠慢慢眺望城市街道的景色，只有坐在裝有寬大玻璃窗的巴士裡；這時，所有街景的美醜都像一幅畫，無法避人耳目。

搭707巴士到桃園OUTLETS

從桃園同德十一街搭乘約莫三十分鐘車程的707號巴士，我和家人用郊遊的心情來到坐落中壢青埔的華泰名品城GLORIA OUTLETS。

二〇一五年十二月開幕的華泰Outlets，樓高三層，是全台第一座美式露天暢貨中心，總計超過一百餘家品牌店進駐，Loewe、Jimmy Choo、GMP Baby、Roberto Cavalli、DVF、Chloe Chen、北歐櫥窗等，大都為歐美的潮流服飾與運動用品。

鄰近高鐵桃園站的華泰Outlets，尚有機場捷運站、主題餐廳和親子遊樂場。

華泰Outlets暢貨中心的建築與設施，彷彿一座大型休閒育樂場，不僅店面寬敞，就連廣場中心也安排了娛樂節目，使遊客購物時，能在悠閒空間，感受典雅的建築、商品琳瑯滿目的店家，以及美麗的藍天白雲。

▲大型休閒育樂場

日本旅行期間，我曾經到過東京、名古屋、大阪、神戶等位於大城市邊陲的日式Outlet。桃園Outlets不也一樣坐落在中壢的邊境嗎！桃園因為擁有Outlets而獲得媒體賦予新興大城的稱號。我喜歡到Outlet購買各式餅乾和文具，印有各樣圖案的鐵盒、木盒和紙盒。對於這些各式各樣的包裝盒，我有一種難以言表的鍾愛，看不出來一個男人對文具盒獨有的款款深情。

Outlet和百貨公司的性質，具有某種共通性，雙方都成為城市繁榮與否的指標象徵，他們進化的速度

▶全台第一座美式露天暢貨中心
◀店面寬敞的建築

比存在本身更能成為市民對於社會發展獲得更多具體的談論話題。

加速觸動桃園現代化的Outlets暢貨中心，並未使我驚喜，感到興奮，我在那裡閒逛了一個下午，直到黃昏時才又前往高鐵桃園站候車處搭乘來時的巴士回到桃園。

很久未出門了，很久不再搭乘使人感到不舒服的桃園客運車了，此時此境，低底盤的707巴士，寬敞的座位，明亮的車窗，行經中山高、五楊高架、東西高速公路紛亂的交錯地段，眼前錯綜複雜的公路建築，竟讓我有外出旅行的愉悅感動。彷彿時光移轉，從桃園市中心急速向外延伸的住宅化浪潮，波及到鄰近中山高的蘆竹和中壢，原來遼闊的田地已被鋼筋水泥堆成一幢幢大樓。

我從桃園來到中壢青埔，大賣場就蓋在高鐵桃園站旁邊，我散步走到賣場三樓，清楚看見開闊的青埔高樓群近在咫尺。我想起某年冬天，帶著三個長大成人的孩子，從神戶乘車去到鄰近明石海峽邊陲，過去未曾踏足的垂水站的Outlet，購買孩子喜歡的樂高玩具。

◀休閒空間
◀◀Outlets距高鐵桃園站一街之隔
▶Outlets廣場

面對汽艇和輪船來去不歇的明石海峽，我站在堤岸拍照，這時，渡船頭吹起一陣冷冷的海風，在我耳畔發出低語：沉默的愛，是以肉眼看不到的作用回應我們。明確地說，對於離開幼年已有一段距離的青年兒子來說，多年來，從未改變初衷，依然對堆疊樂高的遊戲樂而不疲，他的心情我了解，不覺稀奇，所以心甘情願隨他的意願而行。

我喜歡看兒子努力專注地把一整盒零亂的樂高，堆疊成一座井然有序的城堡，國王、衛兵、坐騎和護城橋，一應俱全地被安置在正確位置，形成壯麗的堡壘，我樂於和他用同喜共榮的心，伴隨走過成長的歲月。

與日本同樣構造建築的桃園華泰Outlets，我依稀找到旅行日本的某些回憶，卻嗅不著明石海峽壯闊的海味，也找不到同等級的樂高玩具。

我這樣告訴自己，我的父親過去是用他沉默的愛疼惜孩子，現在換成我做人父，是不是也應該用父親當年同樣沉默的愛，疼惜我的孩子？

中壢青埔青塘園

最美不過青塘園

老街溪 / 老街溪橋 / 青塘園 / 燈會

為什麼美的存在會如此擾亂人心。一口名叫「青塘園」的埤塘到底多美？實在不明白，幾個不相識的人在木棧道擦身，美就被撞了一下。

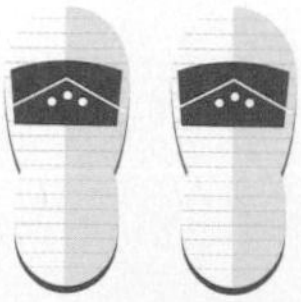

最美不過青塘園

從高鐵桃園站到青塘園這一條高鐵南路很寬大，亭亭如車蓋，筆直無皺節，好像一根不易彎曲的鐵條；走過高鐵南路一段、二段，跨越起源於龍潭三角林西側埤塘，流經中壢老街，全長三十六點七公里的老街溪，不必從旁打聽，很快可以看見青埔園就在那裡等候。對了，若是夜晚經過，朦朧的路燈會不會造成似霧非霧的錯覺而迷路，那就另當別論了。

究竟為什麼我要到這個陌生的地方來？朋友說，到中壢來而不到青塘園，就不會清楚桃園的埤塘之美。而到青埔來，自然聯想到以〈吃冰的滋味〉被編入國中國文教科本，受到年輕學生喜愛的小說家古蒙仁，他以台北來的新住民身分在青埔住了好長一段時間。

▼老街溪橋

還有，曾在龜山壽山國小、桃園東門國小任教，台灣民族文學代表性的作家林央敏，也住在中壢多年。他是台語文學理論建構者，也倡導台灣民族運動。他推動台語文學，用台語寫作，彰顯台語之美，是當前台語詩作最多的詩人。

美的文學創作，美的地景，有文學作家居住的地方，美的本質的確會讓人隨心情變化而改變，不管景致怎麼變化，怎麼見仁見智，結局不過是還原支離破碎的過程而已，不是嗎？每一次當有人提出美的見解時，所有談論或辯解的理由不是七零八落，就是不知所云，所以，青埔園到底美或不美，是不能也不被用談論表示的。

就像這一天來到占地面積六點三公頃的青塘園，當我從馬路邊的入口處進入，心底便湧起似曾相識的溫馨與和諧，毫無疑問，我明白那是因為眼前所見的名園景觀，讓我不由自主想起年輕時代在金澤旅行所見日本三大名園「兼六園」的景致。

▼全長三十六點七公里的老街溪

青塘園不是兼六園，當年遊園的歡喜情景卻歷歷在目。

晚夏初秋的陽光輕輕落在青塘園的埤塘上方，午後從天空灑下來的亮光，使木棧道和二〇一四年建造完成的斜張橋，顯得十分幽靜。黃昏即將來臨，順著路標，環繞而行，忽然聽見遍植台灣萍蓬草等百餘種原生性水生植物的埤塘邊，傳來稀疏蛙鳴。

這一季最後的夏天與最初的秋日，林園深深的青塘園，流線型橋身的「希望之塔」及「永恆之塔」，高聳著日光四射的秋雲，沉默不語地唱起秋天的歌。我走在青塘園的橋臺廣場和水上廣場，看著白色斜張橋與水影相映成趣，不禁撩起一絲淺淺的愛意與好感。

即將崩解的白天，黃昏就快要出現了。這裡不是金澤兼六園，我不能帶著鬱積的思念之情，凝視霞之池邊的內橋亭，在悠然無為的水波漫流中，把自己的情緒籠罩在使人暈眩不已的懷念之中。就算我的青春早已隨著兼六園的記憶逐漸遠離，或者不斷搖搖欲墜，不斷消逝在無法挽留的舊事塵埃裡，我想到的是，回憶能借多久，兼六園和暖的十月天能懷念多少？

▲青塘園晚霞
▼青塘園斜張橋

我常在回想的輪廓裡不斷尋找兼六園所象徵的溫柔，這種像積水一樣沉澱在玻璃杯底的溫暖記憶，使我看起來更加老朽不堪。我一直不了解，風景始終一樣，觀景的人卻比所能想像的景色之美更沒用。為什麼？

我用近乎沉寂的心情從花崗石人行步道走到斜張橋，又從斜張橋走回木棧道，這早秋的青塘園上空，一再透出淡淡的微光，正像埤塘邊，被稱作「水中燈籠」的台灣萍蓬草的清明水波那樣，波紋推擠著池面上的水草，逐漸擴散成一圈又一圈的漣漪。

我年輕時代的記憶彷彿正被漣漪推擠到埤塘彼岸的「永恆之塔」，當水塘與萍蓬草相遇，當青春與記憶交會，或許將引發一場歲月到底能不能讓青春永恆的戰爭。站在木棧道觀景臺看水鴨、看水草，我仍無法理解這樣的建築也能獲得「國家卓越建設獎」。看來這就是美的本質「見仁見智」的問題

了。不過，當天空塗抹了一層橘色晚霞時，望著全長約一百四十公尺，塔柱高二十五公尺的斜張橋，映在埤塘的橋身光影，璀璨的霞光真的會把這座橋燃燒出燦爛的火花。

二〇一六年二月二十二日一連兩個星期，首次在桃園登場的台灣燈會，就在青埔盛大舉行，超過兩千兩百萬人次造訪，六大燈區中，青塘園被訂名為「新桃花源燈區」，製作水上劇場展演「嬉遊桃園」，劇場旁是大型裝置藝術空間，國內外藝術家以稻草編、竹編、紮燈等手法搭配多元視覺媒材，營造絢麗多彩的水上奇幻國度，並以水生植物為發想，設置水煙及水霧。蓮荷、萍蓬草、荇菜在水煙迷濛、波光粼粼的埤塘中，宛如水墨畫，呈現埤塘新風貌。

到中壢青塘園郊遊，一旦必須離開這個地方，我不知道還能去哪裡尋找比這裡更有造型的埤塘，不曉得，好似也沒其他了。說到埤塘，想到晚霞，眼見秋意一點一點加深，黃昏之美就快要被冷風隱藏起來了。在地人說，那就到距離青塘園不遠處的桃園棒球場，那裡看落日最美了。

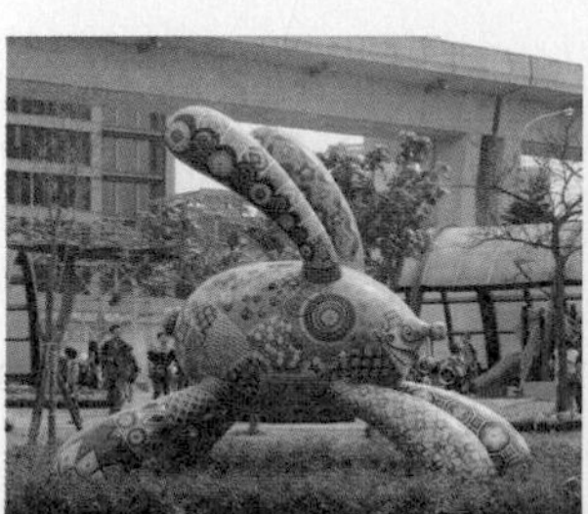

▶▶萍蓬草在波光粼粼的埤塘中
▶在桃園登場的台灣燈會，青塘園列為「新桃花源燈區」
◀藝術家洪易的作品在青塘園

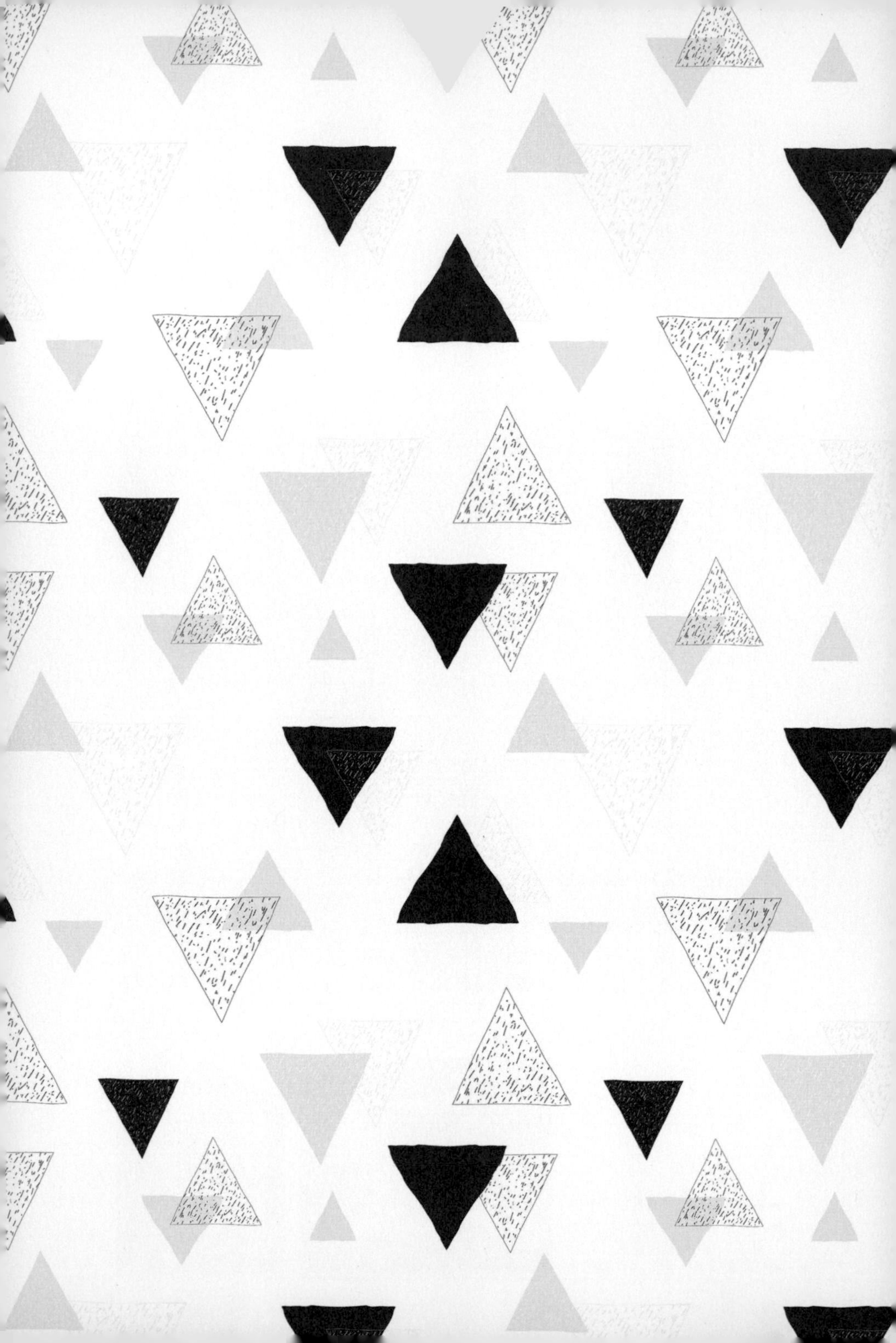

位於中壢青埔的桃園棒球場

球來就打

桃園棒球場 / Lamigo桃猿

你知道，兩好三壞的時候，我們都會選擇揮棒嗎？與其被保送，不如賭一把。如果真的輸了，也認定了。

——職棒球員張泰山

球來就打

是誰說桃園棒球場的晚霞最美？這樣說，會不會失落所有語言的真實性？晚霞沒有明確註記，渾渾無涯的天空就用悲壯的口氣寫信給大地，透過黃昏寄到地平線，表明這些璀璨的霞光，每一天，每一天，無論如何都會幻化成不同樣貌的瑰麗寶石。

多少年來，這座棒球場前方，那片平緩而開闊的田野上空，一直是夕陽的專屬畫布，每天被溢出來的雲霞塗抹成深淺不一的黃金色彩，我很想把它揉成一團，放進背包裡。

聽說青埔的晚霞美極了，所以我才趕路過來。

總之，你想說什麼？或許有人會說，Lamigo桃猿隊的球技比棒球場所能見到的晚霞更輝煌，勝利的光芒將從這裡散布到各地。

說到桃園棒球場，雖然我並不特別著迷棒球賽事，棒球的身影卻從未在我的人生中消失。

曾經，在我寫作《跟著谷崎潤一郎遊京阪神》一書的過程，寫到《細雪》的文學地景日本兵庫縣西宮市的「甲子園」棒球場時，特別走訪那座歷史悠久的棒球場，同時記憶起曾在那座球場奮力拚鬥，為台灣奪得準優勝榮耀的台灣嘉義農林學校野球隊。

一九二八年成軍的嘉義農林學校野球隊，由教練近藤兵太郎率領，於一九三一年首次到台北參賽，奪得全台高校野球冠軍；同年八月五日搭乘「高千穗丸」，從基

▲嘉義農林學校野球隊
▼位於日本神戶西宮的甲子園棒球場

隆港出發，代表台灣前往西宮市參加第十七回夏季甲子園大會，最後以三勝一負佳績榮膺「準優勝」（亞軍），震驚日本棒壇，博得「英雄戰場 天下嘉農」美譽。參與準優勝球隊的正選球員，包括三名日本人，兩名台灣漢人，四名高砂族人，他們跑壘速度敏捷，面對八強賽的札幌商業學校，曾八次盜壘成功，投手吳明捷並獲該屆MVP。

沒有「嘉農隊」就不會有後來台灣棒球的發展。日本作家菊池寬在當時的報紙寫著：「我完完全全變成嘉義農林的祖護者了，他們那不同人種卻為同樣目標奮戰的英姿令我感動得落淚。」二○一四年，台灣著名導演魏德聖以「嘉農隊」為主題，結合「嘉南大圳之父」八田與一的史實，監製拍攝了《KANO》電影，記錄日治時期，台灣野球隊遠征甲子園的光榮戰役！

再回顧一九七○年，嘉義七虎少棒隊與金龍少棒第二代，在台中水源地球場（今台中棒球場）爭奪全國少棒冠軍賽的那個年代。

那一場「龍虎之戰」不僅吸引台中與嘉義地區廣大球迷，更引起全國民眾關注。結果七虎擊敗金龍獲得全國少棒錦標賽冠軍，同年七月下旬，代表

台灣參加遠東少棒錦標賽，擊敗菲律賓、日本，贏得遠東區代表權。八月五日下榻新竹清華園「華齋」，在清大體育場集訓兩週。

七虎隊抵達新竹時，受到二十餘萬市民夾道歡迎，人人爭相目睹七虎小將風采，盛況空前。當年十九歲的我，被時任新聞記者的父親賦予前往清華園採訪七虎隊，林華韋、盧瑞圖、許金木、楊福興、楊清瓏、江仲豪等小將的重責大任。我的採訪方式很特別，用「大哥哥講鬼故事」的伎倆獲取集訓「情資」；事後，各報記者相繼「抄寫」這份新聞花絮。這是我個人報導文學寫作生涯中，第一次正式的採訪工作。

如今，來到二〇〇九年完工啟用，二〇一一年成為中華職棒Lamigo桃猿主場的桃園棒球場看晚霞，而不是看球賽，我的行徑是不是過於瘋癲？

「Lamigo桃猿」是台灣職業棒球隊，隸屬於中華職棒，由達達集團旗下的「大高熊育樂股份有限公司」經營。前身為第一金剛與La New熊，二〇〇一年因主場從高雄遷移桃園而改名Lamigo桃猿。這支球隊是當前中華職棒主客場經營最分明的球隊，所有主場比賽都在桃園棒球場舉行。球員以陳金鋒

▶▶桃園棒球場全貌
▶桃園棒球場一角
◀桃園棒球場是Lamigo桃猿隊的主場球場

最富盛名。

球場後來增建外野看臺，座位從一萬兩千席增加到兩萬席，據說，因為興建過程急就章，球場排水功能不佳，滲水性不好，逢雨必淹，雨後的球場宛如一座大埤塘，場內積水甚高，好像一面鏡子，媒體謔稱「青埔湖」，形容晴天是棒球場，雨天是游泳池。

真是這樣嗎？沒有親眼見過，懷疑的感覺多少會像古老的謠傳話術一樣在心中徘徊，短暫時間我也許會繼續循著那謠傳一起前進了，不過，究竟還是得觀察Lamigo桃猿在二〇一五年贏得三連霸之後，將會以怎樣的球技在這座球場迎接第四次及第五次的勝利，這才是關鍵話題。

著名棒球好手陳金鋒說：「我寧願讓成績在我身後追著我跑，我可不想去苦苦追趕著達到什麼成績。」曾是桃猿要員的林智勝說：「驕傲要放在下巴，謙虛要放在額頭。」花朵綻放，是為了總有一天會誕生的你，為了總有一天會墜入愛河的你。同樣，要棒球比賽贏得勝仗，是為了總有一天會榮膺無與倫比的榮耀，因為，競逐的風太強。

▲桃園棒球場的晚霞

不要輸給風，輸給雨，訓練有素的球技連烈焰也能穿越。既然家住桃園，身為新桃園人，這時我當然毋需透過更多語言或更精準的文字交流，直接支持這支隸屬於桃園市的精湛球隊就是了，期待分享體育活動的榮耀，並寄望這是一個光芒四射卻又泰然自若的「That's桃猿」的時代。

觀音白沙岬燈塔

海岸碉堡一朵殷紅的玫瑰

觀音海岸 / 白沙岬燈塔 / 海防崗哨 / 風車

我記得那座白沙岬燈塔，記得浪濤滾滾的海岸，記得當潮退時，
營區阿兵哥會在晚飯後的「散步假」時光，相互邀約到沙灘捉海蟹。

海岸碉堡一朵殷紅的玫瑰

一九七三年，濃濃熱氣的夏天，我服砲兵役的部隊從竹北犁頭山營區移防到桃園觀音，擔任海防守衛的任務。軍旅生涯我絕對算不上盡職的戰士，坦白說，身為一名作戰士文書，大部分時間我都積極想辦法偷閒溜到足可安置三、四部大卡車的巨大碉堡裡，借助一盞燭光，躲在不易被察覺的暗處寫作，盡情捕捉海濱生活的美好印記。

我厭惡單調無聊的戰技操練課程，經常和同袍弟兄藉機到碉堡的偽裝砲口，一起眺望遠方海邊一望無際的晚霞，全台第二高的白沙岬燈塔近在目下，聳然而特立，成為黃昏時刻海岸最為壯觀的景色。許多個自許浪漫到不行的日子，讓我深刻領悟了林泉之滸，雨落萬點的飄瀟之趣，並寫下無數篇關於海與戰士，碉堡、燈塔與偷閒的作品。

一八九六年，日本統治台灣第二年建造完成的白沙岬燈塔，為全台

▶高三十七公尺的白色燈塔

▲一八九六年建造完成的白沙岬燈塔

三十四座之一，白色的錐狀造型屹立海岸，是觀音的地標，日治時期即成為台灣觀光勝景。

耗時三年，由日語所稱「煉瓦石造」的雙層耐震磚石構築建造而成的白沙岬燈塔，紅磚疊砌塔身，燈塔上段由大塊石材組砌成托架，承托鑄鐵造就塔頂。燈塔所需使用的器具、稜鏡與重鎚儀器等都由法國進口，目前展覽室還收藏保存了一座由上海機器局製造的時鐘。

高三十七公尺的白色燈塔，燈器使用法國製造的三等旋轉透鏡三重蕊煤油燈，一九一二年改用石油白熱燈，一九五六年改用三等旋轉透鏡電燈，每二十秒，白光、紅光閃爍一次，蔚為奇觀。

當年我服役的海防部隊沒有地址，只有郵政信箱號碼，坐落在鄉間僻野一條柏油公路與防風林之間的不明之地，公路與營區交錯的田野，栽植許多觀音竹，青翠入懷。日華澹澹的時辰，海風迎面吹送沙丘成為一幅水色好景，相應撫慰了阿兵哥無處可去的寂寥情緒。

海防崗哨距離柏油路約莫一百公尺，這一條鄉村道路，平時少有車輛往來，只在清晨六點到八點，黃昏五點到七點才偶而出現騎著單車、機車的通勤人。夕陽埋進海岸線的時候，營區附近農家的牛車會習慣性無聲地湊近觀音竹園，停留休息了一會，然後再默默牛步離去。

某天黃昏，天氣清朗，夕照輝映在柏油道上，輕風吹拂觀音竹搖曳，看田間日光普照農舍，景趣滿前，叫人心裡不由歡喜起來。五點到七點，我正代替一位同袍站哨，雖則手執五〇式步槍，盡責站崗，眼前卻為應接不暇的景色一晌貪歡，十分快慰；這一天，偏巧見到每天固定時間會出現在柏油路

◀觀音海岸所剩無幾的碉堡
▶沙岬燈塔觀景區

上，獨身乘坐手搖輪椅上下班的女孩，身邊竟然多了一位不曾見過的年輕男孩，緩緩地為她推動輪椅。這是怎麼回事？我感到訝異。

女孩手上捧著一束粉紅玫瑰花，不時回頭，用波光千頃的眼神，向年輕男孩傳述我無法仔細聽見的低聲細語，男孩時而側身低頭，擺出瀟然之姿，喜悅對話。我站在遠處，僅能聽到從路肩傳來陣陣輕快的人語笑聲。此景此情真可入詩入畫。

那是黃昏時刻，夕陽悄然安靜地沉落海平面，兩個年輕的快樂身影，倏忽出現又忽然消失在觀音竹蔭的點點昏暗裡，我被這詩意般的景象感動了，情不自禁地從口袋掏出一張並不平整的紙片，隨手用筆記下當時感受。

是夜，再度一個人如此這般堂而皇之地溜到碉堡，坐在微弱的燭光下，把紙片上的文字一一檢視組合，信手拈來寫了一首小詩，詩文成篇之後，決定郵寄給當時在電視臺主持〈綺麗屋〉節目，被喻稱為民歌始祖，四年級生的偶像「金曲小姐」洪小喬，寄望發表。

事隔不久，主持人終於捎來回信，這首取名叫〈窗前的玫瑰〉的小詩，

將被她譜成歌曲，在節目中演唱。讀過信件之後，心情暢暢快快，尤欲思，尤欲幽，興奮不已。

不出許久，這則消息便從營區傳開，營長和連長都被通報知曉，私下暗自期待這段被認為「部隊之光」的節目早早播出。

我始終不認為這是什麼樣的榮耀，好單薄呀！

直到節目播出當天晚上，營長利用晚間休閒時間，集合全營兩百餘位同袍，拿著個人的小板凳，排排坐在營部連的集合場，靜心觀賞電視節目播出。晚間的營區外面，觀音海邊的海浪聲不斷增強，彷彿就要衝過海岸線，把碉堡沖走。幸虧還有那部老舊的電視機可以被搬到中山室門口，坐在連集合場的同袍才能一面聆聽遠方海風浪濤聲，一面專注看電視。噢，兩百多人聚集一堂看電視，排場盛大，聽主持人說出我那不好叫的名字，感到有些難為情。

一年後，退役返鄉，我被新竹市教育局分派到湖口中興國小

任教，因為思念觀音海濱生涯的私心作祟，斗膽拿這首歌當作班歌，半年下來，學生個個都能朗朗上口。事隔四十年之後，我和久違的四十餘位學生，終於藉由同學會名義再度相逢，所有人都長大長高了，面貌形容差些不易辨識出來，唯獨這首〈窗前的玫瑰〉如此輕易地就喚起全班同學渺遠的記憶。

二〇一五年三月二十七日，我邀請了洪小喬，在觀音一起服兵役的同袍邱創德，湖口中興國小學生彭允華、萬恩霞、杜明麗、桑紹勤、張偉文，以及百餘位文藝界朋友鄭清茂、隱地、邵僩、梁修身、王榮文、愛亞、林文義、翁誌聰、雲天寶、蔡榮光、管管等，參與在台北敦化南路誠品書店演講廳，我個人第一百本書出版的發表會。活動節目安排播出這首在觀音海岸碉堡寫作的小詩，我花了不少心力，剪輯了四十餘年前保存至今，完好無缺的錄音帶，讓洪小喬演唱〈窗前的玫瑰〉的原音重現。當「第二封您的作品，是來自桃園觀音郵政7600之8號信箱……」以及「我把一朵殷紅的玫瑰放在你的窗前」低沉而明亮的嗓音配合大螢幕流瀉出來時，我的眼眶瞬間泛淚，任由空空的腦袋飛翔，忽然間，像聽見混合著熟悉浪濤聲的觀音海岸碉堡的記憶，迅速侵襲過來。

一首短歌讓我記憶起七〇年代初期，觀音碉堡聽濤的軍旅生涯，我曾在那裡擁有過一段美好的青春歲月。一叢觀音竹，一聲聲海濤，總是花陰流影，總會過去，何意領受多年前那個推輪椅的男孩，捧著玫瑰花的女孩，是否還記得某個黃昏時刻，觀音海邊柏油路上一幅甜蜜蜜的悠然畫景？

不收門票的觀音海岸，戒嚴時期的軍事碉堡不復存在，所有景象全改觀了，空留白花花的沙子被天空投射下來的炙熱陽光，蒸發出騰騰火氣，好比海岸線那一排高聳的風力發電大風車，以及二〇〇七年完工，同樣蒸騰出一陣又一陣的海洋熱氣的西濱快速道路，不被理睬般地矗立在那裡。

湛藍的海天、沖擊水花的海浪、迎面吹來的海風，如此朗朗晴天的景致，使人不禁湧起回憶中許多寄託情緒的懸念。

我睡了很久了嗎？為什麼早就離開觀音這個地方，卻怎麼經過四十餘年了，忽然發現我的記憶仍停留在那裡，海岸，碉堡，輪椅女孩，洪小喬，窗前的玫瑰，一切都好像被那鮮明的落日餘暉保留下來似的，好多年

▶觀音海水浴場

好多年都不曾改變。

〈窗前的玫瑰〉這首歌的歌詞這樣寫的：我把一朵殷紅的玫瑰／放在你的窗前／因為我已經羽化成一隻小小的黃鶯／一隻小小的黃鶯／昇華成一首流水的歌／我欲乘上那片浮雲／隨風歌唱／祈禱你醒來／窗前的玫瑰／依舊寫著我的情誼。

▲▲七〇年代初期風靡全台的「金曲小姐」洪小喬
▲陳銘磻與洪小喬在尖石鄉那羅文學林植櫻樹
▼學生彭允華、張偉文、洪小喬、杜明麗、萬恩霞、桑紹勳在陳銘磻第一百本書出版發表會合影

觀音蓮花季

觀音賞蓮

蓮花季 / 莫內的花園

我對觀音的記憶在哪裡？軍旅時代的景象，上了年紀的回憶，都懸在怎樣不容置疑的思維裡，漂浮在某個不易辨識的靈魂裡。

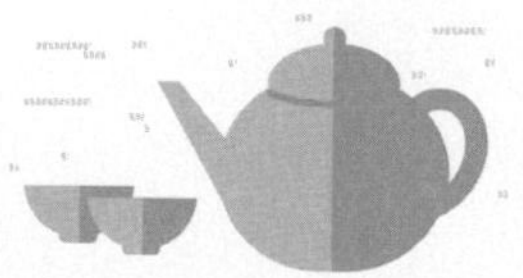

觀音賞蓮

什麼時候前清時期稱「石觀音」的「觀音」，這個曾是北台灣最大的工業區，會變成觀音的故鄉，變成了蓮花荷葉的家鄉？

也許城鄉的本質就是多變，我記憶中的觀音鄉究竟跑哪裡去了？現在的觀音不再是工業區，變成蓮花的故鄉。曾獲台灣文學館「金典獎」，喻稱「客家安徒生」的作家張捷明就住在這裡。詩人許悔之的出生地。

五月，和暖的海岸，渲染著早已變質的印記，我在海濱回憶起躲藏在碉堡大卡車後座寫作的情景，想起最終在觀音寫出個人生

▲蓮花是觀音最深邃的眸光

▲這不就是蓮花座嗎？
▼五月的觀音蓮花季

平第一本散文著作《車過台北橋》半部書的兵役歲月。消失的營區與碉堡叫我想到手抱玫瑰花，坐在輪椅的女孩，她和男孩的愛情進展如何？有沒有發生質變或曖昧的分離？不會吧！許是我的多慮。

午後的海邊數不盡陣陣細雨，斜斜地飄過海岸。驚這五月，原不是放風箏的季節，防風林外，一脈坦直的沙洲，飛來幾隻海鳥，灘水潺湲，濤聲浩蕩，雨季的海邊蒼白得使人發怔，很久，很久，不知晴，不知陰。

這裡不是世界邊緣，只是桃園邊陲，浩瀚的台灣海峽就在對面，拋一粒小石子激起浪花成千萬過去，黃澄澄的夕陽照映水涯，照幾座潮濕的碉堡。海岸沙石，遼闊海峽，翻滾無數白龍，且把一團烏雲仰臥成海市蜃樓。聽風呼，聽海嘯，一隻掠過的水鳥很尼采地棲息在觀音竹梢，輕聲低吟，啊！我在觀音，走進四十多年前的時光隧道。

真是奇異，多沙塵的河道，風拂蘆葦白了頭，那是秋日即將到來的景色啊！不會吧！未能及時觸碰的璀璨，已從暖暖的空氣冉冉升起。聽不到牧笛聲，不見牛車，不見小村落嬉戲的孩童在草地覓螳螂，覓許多人逝

▶植有許多蓮花的「莫內的花園」
◀花草扶疏的「莫內的花園」
◀◀雨中的小蓮花池

去的童年。是黃昏？是雨季？有好多埤塘，好多蓮花池，好多觀音竹的觀音，五月季節，足見長夏已經縱橫在袤廣的海之濱。

那就到白茫茫的海岸輕奏記憶中的一曲牧笛，盛在一池埤塘裡，盈盈的埤塘可幻想，可涉水採一枚初夏萬紫千紅的荷葉，那是觀音的蓮花唷！

觀音好多埤塘，映現在阡陌田野間，交織出一池水粼粼，成為今夏最深邃的眸光。埤塘四周，風吹狗尾草發出沙沙聲，我想起當年窩居在碉堡夜讀鄭板橋的〈道情〉，讀到月入雨朦朧。

這裡真是桃園曾經的觀音嗎？觀音豈能獨居桃園？

防風林外，一抹久違的夕陽，以蓮花步慢慢迎來，迎向觀音數不盡的田田荷葉。是誰雕琢一支竹簫，行吟觀音的荷花池在草漯、新坡，在大埤、公埤、草埤，在莫內的花園。過去出入尋常的碉堡呢？藻礁呢？海蟹呢？不見了，現在盛行觀賞荷花！大賀蓮、見蓮、石蓮、各種重瓣的荷花，讓夏日的觀音亮麗起來，美了起來。

那是觀音蓮花季的田田荷葉啊！

觀音區永安漁港

到永安漁港尋找石滬，聽海的聲音

永安漁港 / 石滬群 / 綠色隧道 / 台灣海峽海岸

感覺不可思議的永安漁港，面對滔滔的台灣海峽，那種一起風，浪濤便滾滾而來的自然現象，使海洋像脫去一層面紗，把人心捲入惶惶之中。

到永安漁港尋找石滬，聽海的聲音

舊名崁頭屋港的永安漁港，位於新屋區永安里，社子溪出海口北側，屬於第二類漁港，大清時代以降，這個港埠便是台灣北部地區重要的漁貨集散中心。年久之後，為了因應大型化漁船需求，不但拓展碼頭，挖深航道，並延長興建防波堤。漁港現存近百艘漁筏，漁獲種類以鯧、鰆、小卷、烏魚、鰹、鯊、黃花魚等為主，主要供銷本地與鄰近縣市的漁市。

清晨，從中壢車站搭客運車到永安漁港，很近，充滿濃濃港口幽情懷古風的港埠、老街、小攤販，以及新築銅構材質，總長一二〇公尺的觀海橋，是這座漁港吸引人的景觀。

難得天空清明的早晨，風吹徐徐，我登上跨港人行拱橋聽海吹風，看廣闊的海岸，波浪沖擊，心情感到無比暢快。永安漁港聽海的聲音，一會平靜，一會浪濤拍擊堤岸，彷彿聽見交響樂團演奏出壯闊海洋美妙的好聽樂章。

▲永安漁港夜景

堤防上有人戲水、垂釣，我走到長達三百公尺防波堤上的觀海亭步道，看藍天白雲下遼闊的海洋，看漁船進進出出，看白天晚上景色各異，互映出台灣海峽水流不息的生動美景。之後，再行前往永安漁市中心。

永安漁市充其量不過是讓當地居民購買漁貨的市場，因為名氣響亮，後來成為旅遊到永安必訪的趣味景點。漁市集中多家水產店、生鮮、海鮮乾貨及海產熟食店，種類繁多，有海蟹、烏賊、海扇、魚卵、昆布、花鯽魚等，形成一個

▶▶舊名坱頭屋港的永安漁港
▶總長一二〇公尺的觀海橋
◀漁船回航

獨具特色的大型漁市場。市場裡外嘈嘈嚷嚷，攤販嘶吼的叫賣聲不絕於耳，運貨車和人潮如流水般穿梭其間，使得狹窄的通道顯得擁擠不堪，可那市井紛擾的模樣，讓人強烈感受到充滿魚腥味的海洋氣息。

漁市有魚腥味，有濃濃的人情味，好比一幀庶民生活寫實浮世繪，意在親和，使人流連不已。

我抱著早起看人間的心情，散步走到永安漁市，意外發現這個漁市場潔淨無比，除卻一般漁市場給人髒亂和濕滑的印象，索性不受先入為主的觀念誘導，不避庸俗地跟著遊客，出入無礙地在攤販之間，參與漁市場熱熱鬧鬧的採買吶喊。

我喜歡永安漁港有樹蔭庇護的濱海自行車道可以散步詠涼天，諦聽漁船在返海面的噗噗馬達聲，令人歡喜的浪漫氣氛使我想起日本九州的博多港，想起走上博多橋看博多川兩岸映在水面燦爛的燈火，交錯出典雅風情的港口景色。

到永安漁港看海看船看日起日落，聽海的聲音，可是到新屋旅行最

▼鄰近漁港不遠處的綠色隧道

▼港口的漁貨市場

耐人尋味的懷舊滋味。

另則，鄰近漁港不遠處，約有十一座在地客家人稱「石墛」的永安石滬群，分布海岸，這個石滬群堪稱台灣本島最大，是先人以鵝卵石堆砌闢建而成，馬蹄形外觀最大圓周可達五百公尺，透過潮汐與潮差用來捕撈漁獲的海洋人文現象，石滬的石頭，經過潮水與歲月堆疊，早被貝類掩蓋嵌在上面，一座又一座石滬的形成，即是藉由蚵類動物在卵石之間附生而緊密相連，加強滬堤堅固性。

這些石滬群擁有近三百年歷史，推測是漢人向平埔族的道卡斯族購得後學習打造。據稱，永安石滬群是以客家疊石法，堆砌鵝卵石而成，屹立百年未變，當前雖僅留存三口堪稱完整的石滬，仍然具有捕魚功能。

到永安漁港聽海濤聲，看桃園十大美景之一的「永安夕照」，再到漁港南岸看先民應運捕魚技藝而生，位於「綠色隧道」旁的石滬群，如見台灣曼妙珍貴的海洋文化，不禁使人心情豁然起來，慨歎先民充滿智慧的生活技能。

▼客家人稱「石墛」的永安石滬群

▼鵝卵石堆砌闢建而成的石滬

我愛你學田市集

水牛書店／羅文嘉／我愛你學田市集／范姜祖堂古厝

將來有一天，如果有人要來參加我的告別式，我希望我是大家心目中：一位「讓人喜歡、受人尊敬」的人。

——羅文嘉

我愛你學田市集

台灣的文學發展，多少年來一直是以默默的艱困態度活著來的，如果真要勤快尋找它的歷史價值或社會地位，會讓人有不知到哪裡尋找的意味，不過那也不是想不起來或找不到的問題，甚至不是短暫到讓人可以忘得乾淨的事。

只是，到底要尋找什麼？台灣文學家？台灣文學？文學出版？還是文學地景？依然不行，沒有相對分量的文學作品，哪來文學地景？沒有豐盛的閱讀環境，何來豐沛的出版事業？我想應該是台灣社會的人文養成教育沒有閱讀文學習慣這種東西。

台灣還未開放出國觀光旅遊的年代，約莫一九七〇年的秋天，藉由考察名義，我隻身前往日本旅行。當搭乘的新加坡航空公司的飛機抵達東京，在成田空港入關檢驗護照時，因為旅行社人員忘記在入關的相關表格填具我的職業欄，老實說，那情況是很糟糕的，我必須用不熟練的英語和對方交談。

「問題在哪裡？」把關的年長海關人員完全聽不懂我說的話，我望著那張填寫不完備的入關表格好一會，不知如何處理，後來直接就在職業欄填上「作家」，我想事情大概就是這樣而已，不會再有其他問題了，便把表格恭恭敬敬交還給對方，這位年長的海關人員看了一眼之後，竟然一語未發地站起身來，對著我九十度彎腰，恭恭敬敬鞠躬，這個突然的動作，著實令我愣嚇了一下，不明所以，也不知該如何回應，索性一樣回他一個點頭示意的鞠躬禮。

真是奇妙，本來以為沒事了，可以堂而皇之入關，哪裡會想到當海關人員把蓋過章的護照交還給我時，再度起身，溫柔地伸直右手，禮貌性地請我「通關」。這個極具特殊禮遇的舉動，讓我再一次受到驚嚇，以為自己看走眼，便嘗試站在他座位後面，樓梯口的旁邊，觀察下一位客人是否一樣受此「禮遇」，結果不是這樣，我一連觀察了三位排在我後面的台灣旅客，全部制式地蓋章、走人；我猜想或許只是這位老一輩的海關人員偏愛文學吧！

多年後，詢問我的父親這到底是怎麼回事，才驚覺明白，原來文學家在日本有著令人敬重的崇高地位。

◀水牛書店主要販賣水牛出版社出版的書籍

如今，充滿蕭條與不安的台灣出版業，每一位出版人，每一家出版社，彷彿再也不去想什麼了，只是不斷哀嘆書籍出版不好做，遑論文學作品到底有沒有出版市場。什麼都不能想，甚至不知道這個行業的未來在哪裡？但寫書出書的人倒是有增無減，人人可以寫書出版當作家的新世代，文學作家不再高高在上，一枝獨秀。就是這麼回事，料理作家、常識作家、旅遊作家、網路作家、劇作家、命理作家、藝人作家、無病呻吟作家、看圖作文作家……，都只不過是芝麻小事而已。

寫作出版或許可稱芝麻小事，但接受一家歇業已久的老牌出版社的庫存書，經營起二手書店，那可就是不得了的大事了。

一九六六年出生桃園新屋，畢業於國立台灣大學政治學系國際關係組，曾任立法委員、客委會主委的羅文嘉，出版有：《向前走吧！》、《前進！羅文嘉》、《我在左岸，眺望》等文情洋溢的著作，二〇一二年八月淡出表象風光，實則風雨不斷的政治圈之後，選擇以「實現童年的夢想」為由，收購了出版老店「水牛出版社」並接任社長，利用新屋鄉下閒置幾十年的祖厝，堆放將近七萬冊的舊書，經營起二手書店。

曾說過：「於是我就要走了，將告別這裡的所有，我開始落下一些眼淚，為逝去的一切傷悲。」使人感覺傷感的話的羅文嘉，並非人們以為的浪漫主義者，他形容自己「踏踏實實的農夫生涯才沒過幾日，颱風夜，台北來了一頭水牛，讓我的農夫生涯起了變化。」這頭水牛指的就是牽起來會讓人頭疼的「水牛出版社」。

接手水牛出版社，羅文嘉認為再棘手的事到了他那裡，到了他的腦子裡，都會變成新花樣，他喜歡逐一完成那些「為什麼不可以」的奇想。

▲▲新屋水牛書店
▲水牛書店書牆

▲羅文嘉在新屋水牛書店（水牛書店提供）

▲羅文嘉經營水牛書店
▼水牛書店舉辦人文講座（水牛書店提供）

《數位時代》的莫小莉訪問他這個「為什麼不可以」的態度時，他說：「為什麼鄉下不能有書店？於是有了新屋水牛；為什麼逛書店想看書時，只能坐在地板上？於是水牛擺上沙發；看書看累了，為什麼不可以按摩？於是水牛有了視障按摩；既然鄉下的田繼續種，又有很多小農青菜可以賣，誰說書店不能賣青菜？於是水牛門口擺起菜攤。」

後來，他又在自家田地種植稻米，這種自產自銷的米取名叫「我愛你學田米」。依靠賣米以及販賣

「我愛你學田市集」的蔬果，維持水牛書店的營運，羅文嘉說：「後頭做倉庫，前頭順勢做小書店。」夠了，年輕時代參與學運，浸漬在政治圈好長時間，人盡皆知的政治金童，他豈會甘心匿居在新屋鄉間，只為一頭會拖累人的「水牛」呢？

他就是心甘情願這樣做，他就是這樣的人。

除了硬體的改變，水牛書店的軟體也像變形蟲，不斷變化。念中學的女兒搞不懂公民課，羅文嘉乾脆聚集女兒的同學們，在書店開起公民課；地理科讀不通，羅文嘉就連地理都包辦。莫小莉在訪問稿寫到。

對於以社會企業模式經營，不以營利為主要目的，出現在新屋故鄉的「水牛書店」，羅文嘉誠摯認為：「放空，回到事情本身，放手去做。」三、四年下來，他不只有讓「水牛」獲得新生命，連自己也獲得不少正向的變化。《數位時代》說，羅文嘉改變了水牛出版社，水牛出版社也改變了羅文嘉。

得有空閒去到桃園或經過新屋，多走幾分鐘的路到新屋區中興路，坐落鄉間街市的「水牛書店」，買幾本文學名著，或者看看被水牛出版社改變的羅文嘉，究竟變了多少？變成怎樣？或是，聽聽隨時隨地都在散發優雅人文氣質的羅文嘉談些感性的話：「生命應該精彩，不能只是守成，我不會因為怕什麼而不做」。

當然，走訪新屋「水牛書店」，聽完羅文嘉充實有料的人文講座後，何妨散步到鄰近不遠處，新生村中正路一一〇巷九號的「范姜祖堂」古厝，欣賞這幢建於一七六二年，經內政部評定為第三級古蹟，使人不禁讚嘆建築典雅，表現客家居住美學，新屋區最珍貴的歷史古宅。

過後，再前往財經專家謝金河在臉書社群推薦，引起極大迴響，位於中山路四〇四號的信宏鵝肉店嘗鮮。專家說：「幾十年來口味千篇一律，卻牢牢抓住饕客的心！即使要開很久的車，偶而也想來光顧一下！」還說：「除了鵝肉外，也可以點些鵝胗、鵝肝或韮菜炒鵝腸或薑絲炒大腸，再配點炒青菜，或者再加一碗福菜炒肉片湯、酸菜肚片湯。」這間具有五十年歷史的老店，從一樓到二樓不時高朋滿座，是專家到桃園來最常蒞臨的知名小吃店，他形容是「鄉野的生命力！」還有，小說家莊華堂的老家也在新屋。

▲鄰近水牛書店不遠的范姜祖堂古厝
▼表現客家建築美學的古宅

位於平鎮福龍路的「晴耕雨讀小書院」

花香書香紛飛的晴耕雨讀

晴耕雨讀小書院

到北台灣最美的「晴耕雨讀」書店看書買書，是優雅風情。久不閱讀，前方便是幽暗的天空和陰翳的夜景，必將無限延伸下去。

花香書香紛飛的晴耕雨讀

某年夏天，我和女兒與她的母親在京都搭乘市區巴士旅行。乘坐巴士遊京都街市看風景，簡直是件美妙的事，那一次，我轉換了幾趟車，去到位在僻靜郊外的左京區「惠文社一乘寺書店」看書、買書、拍照，這間利用舊屋改裝成的書店，被當成京都「最美的書店」看待，台灣不少經營「獨立書店」的人大都到訪過。

京都府這一間擁有悠久歷史的書店，販賣經過店家精挑細選的紙本書、少量音樂CD，甚至展售具有品味的衣物、食器皿、生活雜貨、和紙製作的手工小物，恰成旅人喜歡光顧的觀光書店。具有優雅質地風格的惠文社一乘寺書店，被認為京都的愛書人最愛到訪的特色書店，也是京都最清雅的個性小店！悠然閒逛，我從書架抽取了不少本漫畫版的《少爺的時代》與近代作家夏目漱石、谷崎潤一郎、宮澤賢治、芥川龍之介等人的原文著作，還有，

▶晴耕雨讀小書院
◀小書院露天庭園好悠閒
◀◀小書院休閒區座椅別具匠心

《太陽別冊》版的竹久夢二、川端康成、三島由紀夫的影像特刊等。

如此優雅韻致的書店，是京都的一枚風景，一抹懷舊文學的風雅色彩。

明明不懂日文，卻買了那麼多冊，掌中書、古本書，是不是瘋了？不，我只是要讓自己感受，疲於奔波的生活，我仍未遺棄購買紙本書，賞心悅目的樂趣。不願讓時間沉默，不想讓心靈空白，我要從尚未消失的熱情找回原來的讀冊氣味而已。

漫長的閱讀歲月，驚覺台灣是個多麼不重視文化和文學的社會，文學何來崇高的地位？文學家何來尊崇的身分？不時興閱讀的台灣，不會忽然從無中生有變成一個習慣閱讀的社會，甚至成為文學家創作的天堂。網路興盛的年代，作家能夠寫作，被允諾出版一本書，興奮的心情，就像從此便可以毫無牽絆地死去一般，美麗又得意。

我擔心的是，文學出版品一刷五百本或一千本的時代已經來臨，紙本實體書籍的市場逐漸萎縮、褪色，書店一間接一間打烊喊關門，台灣的文學和出版業是不是快被冷漠的閱讀環境掃進歷史成為灰燼了。這種現象好比出版

的存在會如此擾亂人心一樣，文學與讀者不過是擦身而過的偶然，真的這樣嗎？我忽然覺得所有關於閱讀的情事，對現代人來說好像都是多餘的。

閱讀，向來就不是經由政府單位推廣或倡導所屬，它是自覺性與自發性使然的習慣。

用這個觀點看台灣連鎖大書店的分店紛紛歇業，小型獨立書店跟著翻新出籠，是否意味著閱讀和出版與書店正在進行一場方興未艾的書市革命？你有買書、閱讀的習慣嗎？用一句書名表白：「你讀的字，決定你是什麼樣的人」，或者這樣說吧！「讓閱讀成為人間風景，成為有溫度的質感。」

近年來，桃園市就一再出現這種設立在街衖裡的新興獨立書店，蔚成特色，使得桃園一時之間成為獨立書店的重鎮。

中壢弘揚路的「語宸二手書店」、中壢復華三街的「BOOK · ANEW社會企業二手書店」、中壢榮民路的「瑯嬛書屋」、平鎮民族路的「小兔子書坊」、平鎮福龍路的「晴耕雨讀小書院」、桃園力行路的「鯤元二手書店」、桃園中正二街的「荒野夢二書店」、桃園延平路的「東南亞藝文圖書—SEAMi

▶小書院舉辦活動的演講臺

▲晴耕雨讀小書院全貌

望見書間」、桃園忠孝街的「川台書局」、桃園桃二街的「讀字書店」、新屋中興路的「水牛書店」、楊梅萬大路的「方圓書房」、龍潭渴望路的「小棕熊兒童書店」、蘆竹吉林路的「南崁1567小書店」，琳瑯滿目，書店時而舉辦新書發表會、文學家座談演說、曬書活動、電影欣賞、藝文研討等相關活動，看似一番好光景。

這些喜好紙本書籍的書店經營者不少人出身作家、編輯、譯作家、政治人物，如羅文嘉、銀色快手、陳夏民等。

冷冷的初春，我來到鄰近龍潭和中壢相距不遠的平鎮區，會見位於福龍路一段，兩旁是農地、櫻花林，被讀者讚譽為

「北台灣最美的書店」的「晴耕雨讀小書院」。這間有趣的獨立書店是由一對愛書的在地年輕夫妻曾建富與洪毓穗，利用廢棄的田間農舍改造而成，更是一間充滿盎然綠意，因為有書冊滋潤而美好的庭園書店。

「晴耕雨讀」以客家人的祖訓「晴天時好好工作，下雨時好好讀書」為精神指標，以雅致的裝潢和擺設吸引顧客，比起我在京都見到的「惠文社一乘寺書店」還要迷人。

午後時刻，走進開了門的書店，映入眼簾的是由老闆撿拾舊木料親手木工完成的書櫃、書架，井然有序地排列在原屬木屋經過整修後的老房子，偌大的空間，因為裝進上萬冊書本，使得新書或二手書，筆記書或刊物充滿藝文氣息，小書院分為閱讀區和用餐區。我在閱讀區看到書架上的每一本書被主人擦拭得乾乾淨淨，書背朝外整齊排列，書桌上有書，有花，有畫片，有彩繪石頭，有木製文具、玩具，還有設計了以台灣小吃為特色的明信片。

用餐區別具匠心地陳設了幾組寬敞的木製座椅，這是用來喝咖啡、喝下午茶，吃杏仁巧克力貝果的地方吧！餐桌上，用木板精心繪製的菜單、瓶花、筆

▶文學需要大力宣傳
◀有光透來的書架

和點餐單工整地被收放在手製的木桌上，木頭香、書香和咖啡香的味道就像細緻的馨香一樣四處飄散，這一陣有意思的香氣恐怕連閱讀區都嗅聞得到。

真是有模有樣有氣氛的書店。我喜歡這一間悠閒的書店安然自若地坐落在有草坪有曠野味的偏鄉土地上。唷，比起從京都市中心轉換好幾趟公車去尋找位居偏遠地區，美麗的「惠文社一乘寺書店」，平鎮區優雅僻靜的「晴耕雨讀小書院」一點都不遠，年輕的讀者說，這是「一家有草地陽光的生活風格書店」。

不管是悠閒自在的翻書、看書、買書或是飲一杯手沖咖啡、正港的關西仙草茶，我到「晴耕雨讀」來尋找一本叫美麗書店的好書。細雨無聲地流過，微微的風在木屋草坪上的樹枝輕輕顫動，落在地上的葉子發出乾澀的聲音。為什麼這家書店要長得這麼美？這麼有氣質？閱讀文化氣息薄弱的台灣，桃園平鎮區竟然擁有這樣一間鄉野庭園氣氛濃厚的美麗書店，奇蹟吧！

為什麼？為什麼？

日本作家村上春樹說，好問題常常是沒有答案的。

「台灣文學之母」鍾肇政（鍾延威提供）

文學教會我們的世事

鍾肇政／鍾肇政文學生活園區／鍾肇政宅邸

台灣文學是掙扎的文學，是血淚的文學，我以身在其中一份子，覺得非常榮幸。

——鍾肇政

文學教會我們的世事

七〇年代中期，我和現任《文訊雜誌》社長封德屏在台北金門街一間三層樓的舊宅，負責主編一份全台唯一報紙型的雜誌《愛書人》。這份刊物以報導新書出版和文學動態為首要任務，必須接觸的作家和出版社相當多，唯一不能輕易碰觸的是「台灣文學」。「台灣」二字多敏感，是，若要正確表達，應該說我們這一代是成長在解嚴前那段思想被箝制的年代，任意提及「台灣」二字，不小心就會被解讀成「台獨」。

台灣文學遭到國民黨政府詆毀與抹煞的「台灣文學黑暗期」，我同時在中廣電臺主持了一個每週播出一次的藝文廣播節目，訪問作家談文說藝，長達五六年，有時難免「在台灣……」、「台灣的作家……」、「台灣的文學……」，時日久了，製作人告訴我，「上面」交代不要再提「台灣」了，為什麼？多麼不可思議的指令？喂，我不就成長在台灣，生活在這塊土地上嗎？為

什麼不能提「台灣」？從前沒特別留意，後來乾脆不解也無解地無言以對。那用「此地」總可以吧！可那「此地」二字的中文發音講得我舌頭不時打結，十分難受。直到解嚴後，得有機會進入TNT寶島新聲電臺主持「阿磻一族」，一樣五、六年，那些年不但可以隨心所欲地說「台灣」，還能用我不輪轉的母語發聲跟聽眾講話，那段時間應該是我這輩子講台灣話最多的時刻。

榮枯四季，我在《愛書人》雜誌待了十幾二十年，由於新聞單位頻頻雷厲風行檢查出版品的政治因素，對於被視為邊陲文學，發展上受到相當大壓

▲▲鍾肇政與楊逵（鍾延威提供）
▲台灣文學要角「北鍾南葉」（鍾延威提供）
▼贈送七十年前手稿給桃園市政府典藏（鍾延威提供）

▶教書時期的鍾肇政（鍾延威提供）
◀寫稿中的鍾肇政（鍾延威提供）

抑的「台灣文學」的相關報導，我始終難以深入探究，偶而只能跟台灣文學的先進，出生台南，後來定居高雄鳳山的葉石濤，以及住在桃園龍潭的鍾肇政等名家通電話，邀請他們為當時聲名卓絕的《愛書人》寫些東洋文學出版品的介紹，或是文學評論。

我特別喜愛閱讀鍾肇政翻譯的安部公房的《砂丘之女》和《燃燒的地圖》、井上靖的《冰壁》和《敦煌》、三島由紀夫的《太陽與鐵》和《金閣寺》、木村毅的《寫作與鑑賞》、杜凱耶的《日本人的衰亡》和金尼斯的《希臘神話》等。他的譯作從六〇年代至七〇年代，的的確確為台灣的東洋文學出版品帶領風騷，並給予讀者豐盛的文學食糧。

當代台灣文學作家中，他是唯一結合了東洋文學譯作和台灣文學創作最豐沛的一位。

受到金溟若、鍾肇政、余阿勳、李永熾、林水福、林文月和鄭清茂等東洋文學譯作家的譯作影響，我耗費數十年時間，行走日本無數歷史與文學地景，後來寫下十數冊日本文學地景紀行，究詰日本的文學、文化、史

事、民情風俗，是經由興盛的觀光產業傳承下去。鄉野如是，城市如是。拉麵博物館、鐵道博物館、文學館、作家故居遺址……，保存文化財一如維護歷史。反觀台灣，不屑文化和歷史價值的政客與商人，以空泛抽象的「建設」之名，把台灣文化和歷史漸次摧毀消滅。雖然我們還暫時保有媽祖遶境、布袋戲、家將陣，以及引以為傲的各類小吃；實則，不少重要的舊文化、舊習俗、舊建築所象徵的歷史文明，早被政治與無知的現代化腐化而消弭無蹤。

舉一個簡單的例子來說。

日本四國松山市因夏目漱石用松山中學為背景寫作出版的《坊つちゃん》（少爺）一書名聞遐邇，致使市區處處可見以《坊つちゃん》為背景創建的文學地景。道後溫泉車站前的放生園有一座「少爺鐘」高塔，巨型機械鐘每天固定從午前八時到午後九時，每一整點都會發出悅耳的報時樂曲，時間一到，少爺鐘會瞬間變身，原本兩層高的大鐘緩緩升高，變成四層，每一層裡面，都會出現小說中的人物，拉人力車的、泡溫泉的、哥

▶（右頁）鍾肇政在「鍾肇政文學生活園區」（鍾延威提供）
▶鍾肇政與愛妻鍾張九妹出遊（鍾延威提供）
◀與媳蔣絜安、孫女鍾荷衣在宜蘭遊玩（鍾延威提供）

兒、果子狸、紅襯衫、豪豬、晚生南瓜等紛紛登場，即使未曾讀過小說的人，一樣能從中得到觀賞的樂趣；「少爺鐘」旁還有一口免費的「足湯」，讓遊客邊泡腳邊欣賞這一座從小說中跑出來的所有主角的奇妙之鐘。除此之外，還有少爺火車、道後溫泉「少爺坊」、夏目漱石寓所跡等。

相對於日本來說，台灣政府或民間則無視於文學、文學家與文學地景存在之必要，遑論創造美的文學國度了，換句話說，當政府單位頒贈文化獎章給「台灣文學之母」鍾肇政時，為什麼從未認真細思為台灣的文學創造更多足以發展成文學觀光的地景？

這個部分，桃園市政府正積極進行，除了以鍾肇政之名辦理「大河長流：鍾肇政文學獎」，更以他曾經任教的龍潭區龍潭國小大門東側南龍路十一號日本宿舍，也就是醞釀著名小說《魯冰花》的重要文學空間，這個被張良澤譽為「台灣戰後文學發祥地」的所在，建造了一座「鍾肇政文學生活園區」。

料想不到的是，這座「鍾肇政文學生活園區」，既非「鍾肇政文學館」也不是「鍾肇政紀念館」，哪裡像是《魯冰花》的文學地景的概念？若名為「鍾

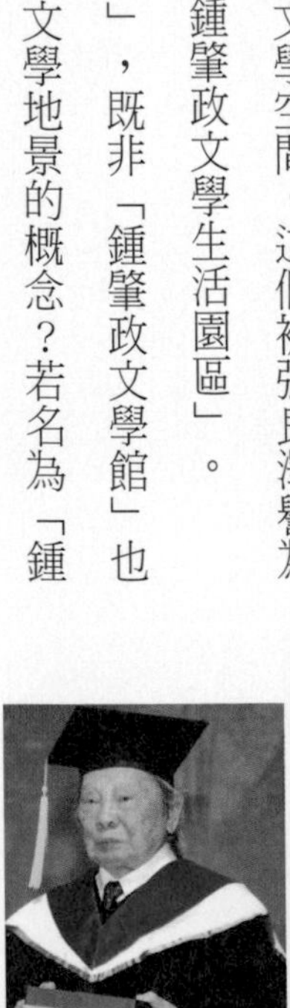

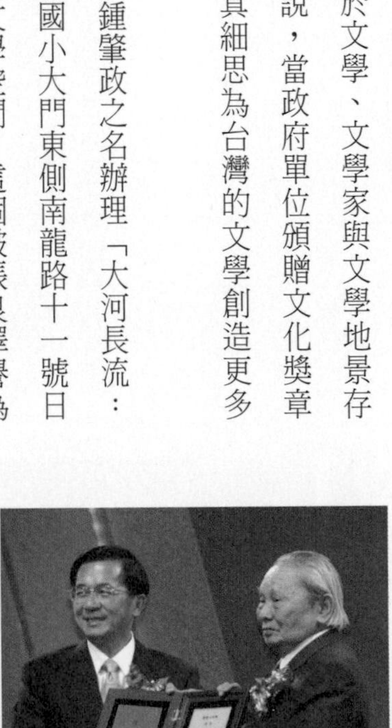

▶陳水扁前總統頒贈國家文學獎證書（鍾延威提供）
◀榮膺嘉義大學頒發榮譽博士（鍾延威提供）

肇政文學生活園區」，可他還有《臺灣人三部曲》之一的《插天山之歌》，《馬利科彎英雄傳》或《濁流三部曲》等作品，又該擺放到哪個位置？

也許是我想太多了，我說。

政治，從來不會，也不可能是用來服務文學和人民的，它只服侍私慾和一己之念；所以，我們要堅持文學服務心靈這個底限，如同鍾肇政所說：「文學是人類靈魂的故鄉」。

以《濁流三部曲》、《臺灣人三部曲》、《高山組曲》（《川中島》、《戰火》）等大河小說，被認定為台灣文學最具盛名的鍾肇政，一九二五年生於日治時期台灣新竹州大溪郡龍潭庄字九座寮，也即今日的桃園市龍潭區。早年就讀淡江中學、彰化青年師範學校，兵役期間因高燒不退造成聽力障礙。戰後，考進台大中文系，因聽力障礙所致，上課時必須將桌椅移到教授旁邊才能聽課，加上教授口音難以適應，僅就讀兩天便輟學。鍾肇政認為還有另外一個原因是，進入中文系後，發現課程內容大都四書五經、古文觀止等八股文學，而他獨鍾情現代文學。雖僅就讀台大兩天，台灣大學仍於二〇一五年十一月

◀台灣大學頒贈「台大傑出校友」殊榮（鍾延威提供）
▶交通大學頒贈榮譽博士（鍾延威提供）

十五日頒贈「台大傑出校友」殊榮，嘉勉鍾肇政在文學上的成就。

鍾肇政曾任國民小學教師、東吳大學東語系講師、台灣客家公共事務協會理事長、總統府資政。一九六六年獲中國文藝協會頒發中國文藝獎章小說創作獎，一九七九年榮獲吳三連文藝獎，一九九九年獲頒國家文藝獎，二〇〇〇年李登輝總統頒贈二等景星勳章，二〇〇三年及二〇〇四年陳水扁總統頒贈第二屆總統文化獎百合獎、二等卿雲勳章，二〇一六年又榮膺第三十五屆行政院文化獎。

鍾肇政筆耕不輟，與葉石濤齊名，素有「北鍾南葉」雅稱。桃園市政府文化局已出版《鍾肇政全集》共三十八冊。早期作品中，因為內含不少以鄉居或地方特色為背景的創作，而被視作「鄉土文學」作家，他卻說：「我心中唯有文學，台灣文學而已，故對『鄉土文學』四字毫無興趣。」

作家楊翠形容他：「最愛看他燦爛的笑容，溫暖，而且散發童真，歷久不老。總覺得鍾肇政的生命姿態，一如他的小說，魯冰花，路邊花，性喜陽光，匍匐茶山，安靜低調，以肉身豐饒茶樹。身為一個跨世代、跨語言的台

▶桃園市長鄭文燦祝賀鍾肇政九十七歲生日，（最右）媳婦蔣絜安、（左）葉菊蘭

▲蔡英文總統祝賀鍾肇政九十七歲生日，（左起）媳婦蔣絜安、葉菊蘭（鍾延威提供）

灣作家，鍾肇政的苦悶、壓抑、謙誠、理想、堅持，他的光與影，在我看來，都是一種美學的實踐。」

總統蔡英文則說：「鍾老係最有資格拿諾貝爾獎个台灣作家，逐本書都寫出恩俚台灣精神。實在講，鍾老就係恩台灣國寶、也係桃園光榮！」

人生就是這麼回事，文學就是這麼回事，文學家的鍾肇政不僅是桃園的光采，他的大河小說著作，更是台灣的國寶文學，身為文學家，他和龍潭故鄉的身影始終閃亮生輝。

作家齊聚松葉園複合餐廳

松葉園看見心經瓷雕

梁成福／松葉園景觀餐廳／李元慶

飄雨的日子，無意來到這間景觀餐廳，除了賞味松葉園的美食饗宴、欣賞主人的陶瓷雕字作品，進一步發現自然與人文厚度的精彩對話。

松葉園看見心經瓷雕

倘若要前往桃園龍潭龍新路三和段一〇〇八號，尋找開店十載有餘的松葉園複合餐廳，對不會開車的人來說，的確充滿高度困難。然而相對於坐落在龍潭郊區，由身兼牙醫生、藝術家、美食家的梁成福醫師開設的庭園餐廳，每天吸引上百人上門，座無虛席，餐廳裡的多國創意料理，酥炸咖哩軟殼蟹、豬腳大餐、醬燒佛手、孜然羊肉串、清蒸龍鱈魚等經典菜色，顯然是造成饕客慕名不遠千里而來的主要理由。

這一天，我和住在青埔的小說家古蒙仁、住在中壢的台語文學作家林央敏、住在桃園的社區文化工作者吳麗春、住在觀音的新聞記者邱傑，以及住在大園的文化局長莊秀美等人，齊聚在這間位於龍潭的庭園餐廳一面品嘗美食，同時欣賞梁成福醫師的彩繪陶瓷雕作品。

龍潭果然是個臥虎藏龍的地方，藝術家多，作家亦不少，小說家鍾肇政、張大春、詩人葉莎，都有傑出的創作問市。

這是個有風有雨，冷冷的冬日午前，綠意盎然的日式景觀餐廳，沐浴在冷風細雨中，不規則的石階上坐落一幢建築典雅的餐廳，大樹環繞房舍，屋前池塘錦鯉悠游，屋內空間寬敞，天花板頂上滿是大小燈籠，高高垂掛，微

▲▲龍潭松葉園複合餐廳
▲外觀貌似日本鎌倉文學館的松葉園複合餐廳
▼作家齊聚松葉園，（右起）林央敏、古蒙仁、邱傑

▲▲松葉園主人梁成福醫師及其陶瓷雕字作品
▲▼梁成福醫師的陶瓷雕字作品在文化局大廳展覽

微透露暈黃的燈光，為餐廳添增幾許暖和氣氛，十分趣味，蔚成客家農村的顯著地標。

行醫逾三十年的梁成福醫師，同時是龍潭知名的藝術家，對書畫藝術充滿興趣，左手看診，右手拿雕刻刀，醫病之餘，便是在工作室的瓷土上，細細刻字，與龍潭書法家李元慶合作，雕刻完成五千一百七十八個字的《金剛經》、《大悲咒》和《心經》等無數震懾人心的作品。在餐廳或文化局展覽廳看過這些陶瓷雕字作品的人，無不讚嘆梁成福和李元慶合作無間的功夫，竟能蘊含出如此宏偉的篆刻藝術創作，不禁令人嘆為觀止。

松葉園餐廳的入口大堂裝飾了不少梁成福醫師的作品，充滿秀氣又壯麗的氣氛，這樣一座藝術氣息濃重的餐廳，其外觀好似日本鎌倉文學館一般氣派，使人感到四處充滿幽雅的美學氣質。這個冷冷的冬季，我終於見識到寧靜的龍潭鄉間，綻開濃濃的藝術火花。

◀松葉園複合餐廳的魚池

復興區拉拉山

大漢溪流星之絆

爺亭／角板山／榮華大壩／拉拉山／羅浮橋／復興橋／米路哈勇

一旦養成習慣，許多事都會變成理所當然。戀愛如此，說謊如此，就連回顧生命的態度也是如此。到底為何我會現身在這個陌生的地方？

大漢溪流星之絆

不必冀望過去回頭，一如不必等待消逝的時光回來；過去寄寓在肉體未及一年、五年甚或數十年，猝然在不自覺中未告而別，此去無蹤。不是過去無情，時間喜歡用季節更迭相似，重複生命。我就是在這種不斷替換的季節裡逐漸老去，僅能借助殘存的少許記憶，尋找青春時期曾經花了一天光景，從新竹縣尖石鄉徒步翻山越嶺，走過舊名叫「角板山」的復興鄉，再從大溪轉車到桃園搭乘火車回到新竹市，那一點點連影子都快沒法鮮明聯想起來的模糊回憶。

後來終於想起來了。那是七〇年代初期，我正深陷不知天高地厚的二十歲年紀，一個很想拚命向這個世界傾訴什麼，卻又不知道該說什麼的寂寥時代。那時我身在尖石鄉後山的玉峰國小教書，那裡同時也是我發想《部落・斯卡也答》這本描述原住民生活的小說原創地。

▲跨越大漢溪的復興橋

玉峰村是被簇擁在尖石鄉山巔一角的泰雅部落，每遇雨季來臨，山路的某些段落，某個山崖必然遭逢水患，居民受困無法下山。那一年秋颱，尖石鄉慘遭洪水侵襲，山徑中斷，我和幾位老師只能借助鄰近「隔壁」的桃園復興鄉出入。大清早出發，從玉峰經石磊曲折的山路，再徒步翻越幾重險峻的高山，走了一整天的叢林小路，幾近黃昏，來到復興鄉這個全然陌生的泰雅部落，才搭乘慢吞吞的客運車從羅浮、復興、三民、大溪轉進到桃園火車站，回到新竹市大約已是深夜時分了。

◀小烏來吊橋
▶榮華水壩

那是生平第一次踏足土地占桃園總面積三分之一的復興鄉。那裡啊，是由大嵙崁溪沖積兩岸河階而形成的山地，層層疊疊的山巒，既壯觀又秀麗，隱約可以在半山腰聽見山脈傳來好聽的山之音。

半年內，前後兩次以徒步方式奔走在那一條顛簸的山路，我記得爺亨、達觀山、高義、榮華大壩、高坡、羅浮和復興橋，那是一趟令人懷念的勇氣之旅，一面聞著身上淌下的汗水味，一面聆聽鳥兒歌唱，我根本記不起來當初是如何抱怨為什麼要無緣無故折返兩個縣市的山地部落，非得要從玉峰村走路經復興回到新竹市的家。那段健步如飛走山路的日子，我自比英勇的泰雅人。

如今，我以為遷徙到桃園苟且安度後中年生活之後，再也不必回顧年輕時代種種驚愕的，徒具冒險性的生命之旅；總之，我只想如冬眠的小熊一樣，把記憶儲藏起來就好，但是無論怎麼不願意回想，只要日後有機會來到大溪，甚至接近現今叫復興區的地方，儘管閉上眼睛，那條已被開闢為北部橫貫公路和羅馬公路兩旁的泰雅民房，山路小徑的流雲和綠樹，還有邊走路邊怨懟的跟幾位同事老師相互哀聲嘆氣訴苦的影像，一一浮現腦海。

◀基國派教堂的夜空流星（何南輝攝影）
▶中巴陵櫻花祭（何南輝攝影）

那是我二十歲跟復興鄉結緣的陳年往事。四十五年後，復興區不再是窮鄉僻壤的山地部落，小烏來設計了天空步道，瀑布區也現形了，爺亨成為溫泉區，榮華大壩聚集許多觀光客，復興橋美到令人無法呼吸，拉拉山盛產的水蜜桃名聞遐邇，大漢橋變成高空彈跳勝地，中巴陵滿山遍野的櫻木花道，還有角板山公園和溪口吊橋美麗的山水景色，已是不可同日而語的樣貌了。

遊客日益增多的復興山林，拉拉山上不少國中小教室、司令臺、隧道、山壁，可以欣賞到出生爺亨部落，人稱「泰雅幾米」的米路哈勇融合了泰雅傳統藝術與現代意識的民情油畫。這是值得驚嘆讚美的事呀！米路的畫作何止壯觀，他讓泰雅的文化，以神奇且曼妙的畫筆，象徵寓意又鮮明的構圖，華麗或淡雅地彰顯在部落角落，他讓泰雅勇士的傳說故事流傳下來，使山林部落的歷史人文和歲月風華豐盈而美麗起來。他是怎樣令人好奇的角色？又以怎樣壯闊的作為，用繪畫讓部落耆老看了之後，感到驕傲而歡喜落淚？

對啦，背後的故事最感人，桃園復興部落有米路把泰雅文化撩人的意象畫在土地上，把傳奇留在故鄉，到復興區遊玩，豈能不順路去探看米路哈勇

絕美的泰雅圖騰呢？

絕不是遙遠的故事，那個地方，一些人物，歷歷舊事，原本以為我可以輕易就從記憶中遺忘掉的復興鄉崇山峻嶺裡的茅屋炊煙、蟲鳴鳥叫，甚或蹲坐在路邊吸旱菸的黥面老人，一兩聲親切的泰雅語的寒暄問候，經過多年，山林始終未變，我卻在米路哈勇的畫作中，被勇士射太陽的英姿闖進心房，心房攤開來了，終究明白生命就是這麼回事，也確切了解為什麼我會在經過四十五年後，同樣的季節，突然又出現在記憶中的復興鄉，就在榮華大壩，看見一隻五色鳥輕巧掠過樹梢，飛往玉峰村，飛向當年來時路的尖石鄉。

生命中好似沒什麼事情是毫無意義的，日子再壞，再難過，記憶再如何模糊不清，依然可以擁有夢想。人生不就是一場夢？不去實現，終究會幻滅成殘影。我想到英國詩人艾略特說的：我們不可停止對生命的探索／而一切探索的盡頭／就是再度回到原點／並對原點有初次般的理解。

這不正說明了我與最初接觸的桃園復興鄉，甚至多年後搬遷到桃園生活的一場因緣際會？

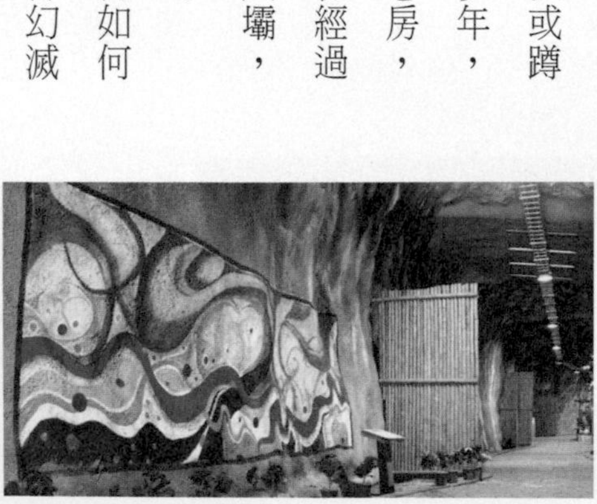

▶巴陵舊橋一號隧道與米路哈勇的壁畫
◀米路哈勇在巴陵舊橋隧道裡的壁畫

不再遙遠，不再暗翳，順著彎彎曲曲，纏繞桃園地界的大漢溪，復興在山崖這邊，大溪在水湄那裡，我沿著河岸緩緩經過，黑夜裡看見幾絲流星從天際快速劃過，滑落大漢溪彼岸。

喜歡看星星嗎？你在秀麗的復興部落看過流星嗎？

即便是在復興，無論颳風下雪的冬天，夜晚也能看到星星，紅色的獵戶座α星，他的光芒用了六百四十年才到達地球，六百四十年前的復興是個怎樣的地方？

看著經過長達幾百光年或幾千光年的速度而來的星辰，感覺很溫暖。我想，人的生命和思念有朝一日也能超越時間，如光速一般，傳遞到某個地方去，就像懷念的感覺不在相見的時刻內，而是在分離後的時間產生那樣，我便是依賴這種多年前走進復興，多年後離開復興，才真切感受到復興的許多美好，豁然覺得溫暖起來。

我會把當前和過去，在復興山脈見識到的溫馨美好，放在心裡最深處，珍藏著。

◀米路哈勇在介壽國中司令臺的壁畫

附錄・桃園年度文化活動

1. 桃園全國春聯書法比賽—書藝界活動，二月舉行，地點：文化局。
2. 桃園藝術巡演—表演節目與藝術體驗，四月舉行，地點：展演廳、各區文化館。
3. 桃園國際動漫大展—激發本土動漫產業原創能，七月初舉行，地點：桃園區藝文特區展演中心。
4. 閩南文化節—閩南特色民俗藝術藝閣嘉年華，七月至八月舉行，地點：桃園區藝文特區展演中心。
5. 夏日親子藝術節—藝術工作坊、互動裝置藝術，七月底舉行，地點：桃園區藝文特區展演中心。
6. 桃園國樂節—傳韻聲藝動，優秀的民族音樂演奏家與樂團演出，八月至九月舉行，舉辦大師講座、工作坊、室內外專題音樂會，地點：桃園區藝文特區展演中心。
7. 鐵玫瑰熱音賞—樂團大賽，六月至十月舉辦帶狀系列活動，地點：桃園區藝文特區展演中心。
8. 二〇一五桃園電影節—經典電影欣賞，十月舉行，地點：展演中心。
9. 眷村文化節—眷村社區活動，十月至十一月，地點：中壢區馬祖新村、大溪區太武新村、龜山區憲光二村。
10. 鐵玫瑰劇場—年度戲劇節，十一月舉行，地點：展演中心。
11. 桃園管樂嘉年華—千人管樂大合奏，十二月舉行，地點：文化局、中壢藝術館、桃園展演中心、桃園市立圖書館平

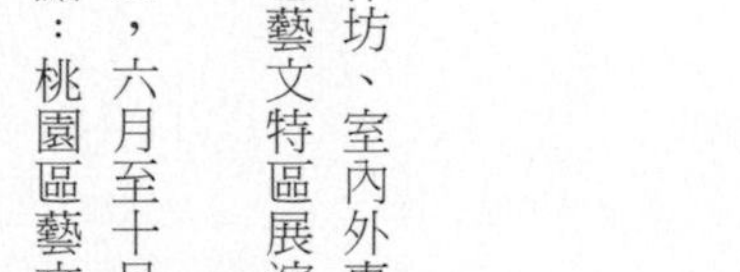

▲文化局展出書畫

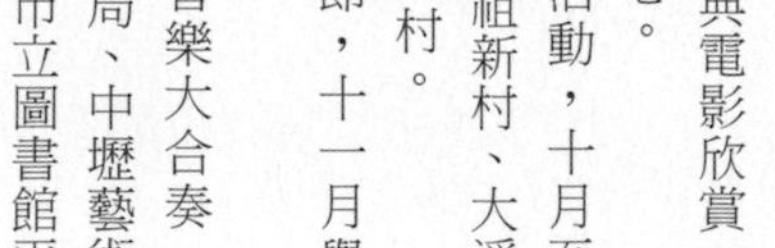

▲大溪陀螺老少咸宜

鎮分館。

12．三大美展—當代藝術、在地藝文以及全國性的藝術競賽與展覽，十二月舉行，地點：桃園文化局。

13．好書交換—推展圖書的生命力，推動環保閱讀，八月舉行，地點：圖書館。

14．兒童閱讀月—鼓勵親子共讀，八月至九月舉行，地點：圖書館。

15．鍾肇政文學獎—文學創作比賽，七月舉辦。

16．大溪木藝生態博物館系列活動—木創講座，木藝體驗工坊。地點：大溪區中正路68號。

17．大溪文藝季—大溪社頭文化與傳統文化（豆干節），七月至八月舉行，地點：展演中心。

18．大溪陀螺節—大溪陀螺爭霸賽，十月舉行，地點：大溪區登龍路運動公園。

19．中平路故事館活動—中壢庶民生活故事

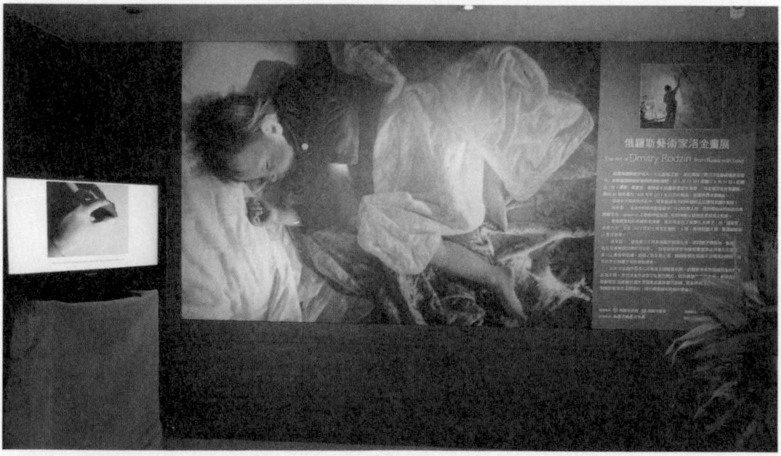

▲俄羅斯藝術家狄米崔・洛金的繪畫在文化局展出

▲中壢藝術館

▲桃園小巨蛋

平臺及文化創意。地點：中壢區復興路99號。

20．眷村故事館─社區學堂，市集活動與眷村文化。地點：龜山區光峰路43號。

21．天上聖母四媽祖遶境─北部最大媽祖遶境活動，三月舉行，地點：蘆竹區富國路龍德宮。

22．土地公文化節─土地公神尊聚集，九月舉行，地點：桃園區藝文特區。

23．蓮花季─體驗蓮花趣，七、八月舉行，地點：觀音區金華路。

24．石門觀光節─石門水庫景點，十一月至十二月舉行，地點：大溪區石門水庫。

25．客家桐花祭─賞桐健行、桐花唸歌，四月至五月舉行，地點：桃園客家庄。

26．星繽樂狂歡嘉年華─主題活動，六月至十月舉行，地點：新屋區永安漁港。

27．龍岡米干節─雲南特色小吃活動，四月至六月舉行，地點：中壢區龍東路以及平鎮區忠貞國小一帶。

▲虎頭山三聖宮

▲桃園景福宮

▲客家民俗表演

附錄・桃園人文地景所在

桃園・文化局／圖書館總館／演藝廳
桃園區縣府路21號

桃園・藝文中心／藝文廣場／展演廳
桃園區中正路、南平路

桃園・漢學家鄭清茂宅邸
桃園區天祥五街

桃園・經國綠廊文學步道
桃園區經國路與南平路交叉口，經國國中左側、後方，近南崁溪

桃園・桃林鐵道
桃園區成功路、寶山街、南祥路

桃園・桃園小巨蛋
桃園區三民路一段1號

桃園・虎頭山公園、桃園神社、虎頭山環保公園
桃園區成功路三段、三聖路、公園路

桃園・銀色快手的荒野夢二書店
桃園區中正二街28號

桃園・陳夏民的讀字書店
桃園區桃二街6號

桃園・桃園市婦女館演藝廳
桃園區延平路147號

桃園・桃園市立圖書館總館（未來）
桃園區中正路、南平路

龜山・國王烘焙／Bistro181法國餐廳
龜山區山鶯路181號

龜山・可口可樂世界
龜山區興邦路46號

龜山・龜山區公所綜合藝文中心演藝廳
龜山區自強南路99號

龜山・眷村故事館
龜山區光峰路43號

▲桃園創意設計的路標

▲日式房舍的民營餐廳

八德・八德埤塘自然生態公園
八德區興豐路1315號

大溪・中正公園／大溪神社
大溪區中正路

大溪・老街／大溪橋／崁津大橋
大溪區和平路

大溪・源古本舖
大溪區和平路48號

大溪・慈湖／頭寮大池／石門水庫／阿姆坪
大溪區福安里、大溪溪洲山畔、大溪大漢溪中游石門、石門水庫中游右岸

大溪・大溪木藝生態博物館
大溪區中正路68號

大溪・陀螺王博物館
大溪區和平路

大溪・美華國小陀螺館
大溪區美華里金山路50號

蘆竹南崁・究極／紅月凌宅邸
蘆竹區南崁

蘆竹南崁・南崁1567小書店
蘆竹區吉林路156巷7號

大園・桃園國際機場一航廈／二航廈
大園區航站南路

大園・航空科學館
大園區埔心村航站南路5號

中壢青埔・台灣高鐵桃園站
中壢區高鐵北路一段6號

中壢青埔・桃園華泰名品城GLORIA OUTLETS
中壢區春德路189號高鐵桃園站旁

中壢青埔・老街溪／青塘園
中壢區高鐵南路二段

中壢青埔・桃園棒球場／Lamigo桃猿
中壢區高鐵南路二段

中壢青埔・桃園美術館（未來）
中壢區高鐵南路二段

觀音・觀音海岸／白沙岬燈塔／碉堡
觀音區新坡下16號

新屋・永安漁港
新屋區中山西路三段1165號

新屋・石滬群
永安漁港南岸

新屋・永安綠色隧道
永安漁港南岸石滬群旁

▲楊梅老莊路百年卵石鋪面保甲古道（取材自桃園市文化基金會）

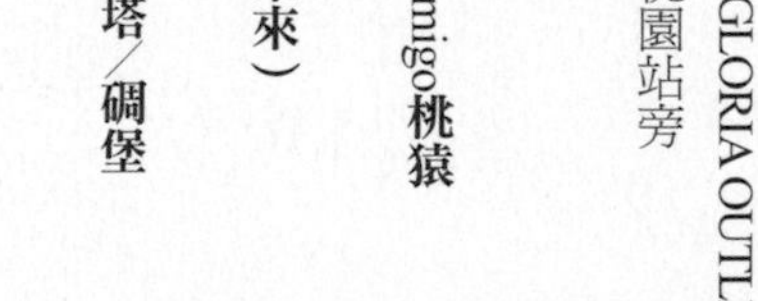

▲蘆竹台茂購物中心

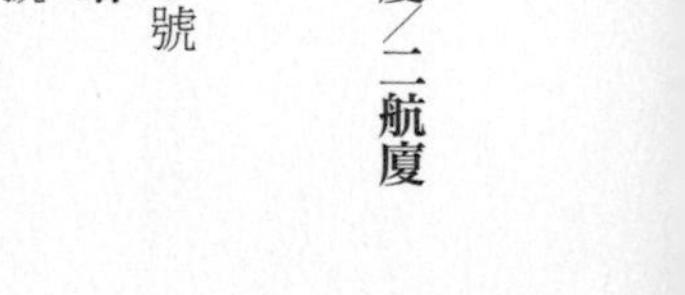
▲桃園街道夜景

新屋・羅文嘉水牛書店／我愛你學田市集
新屋區中興路55號

新屋・范姜祖堂古厝
新屋區新生村中正路110巷9號

平鎮・晴耕雨讀小書院
平鎮區福龍路一段560巷12號

龍潭・鍾肇政文學生活園區
龍潭區龍潭國小大門東側南龍路11號日本宿舍

龍潭・龍潭大池
龍潭區台3線中豐路中山段路旁

龍潭・客家文化館演藝廳
龍潭區中正路三林段500號

龍潭・松葉園景觀餐廳
龍潭區龍新路三和段1008號

楊梅・保甲古道
楊梅老莊路783巷山區入口

復興・角板山／小烏來天空步道／榮華大壩／拉拉山／羅浮橋／復興橋
復興區北部橫貫公路

▼新屋三級古蹟范姜祖堂古厝

▲藝術家梁成福與文化工作者吳麗春

▲復興小烏來瀑布

▲觀音海水浴場觀音像

國家圖書館出版品預行編目資料

國門之都：人文地景紀行之桃園再發現 / 陳銘磻文．攝影．
初版．-- 臺北市 ：聯合文學．2016.06
288 面 ；14.8×21 公分．--（繽紛；201）

ISBN 978-986-323-168-4（平裝）

733.9/109.4　　105007191

繽紛 201

國門之都

作　　者／陳銘磻
發 行 人／張寶琴

總 編 輯／李進文
責任編輯／J C　張召儀
內頁排版／郭于緁
資深美編／戴榮芝
校　　對／陳銘磻　陳惠珍
業務部總經理／李文吉
行銷企劃／李嘉嘉
財 務 部／趙玉瑩　韋秀英
人事行政組／李懷瑩
版權管理／黃榮慶

法律顧問／理律法律事務所
陳長文律師、蔣大中律師

出 版 者／聯合文學出版社股份有限公司
地　　址／臺北市基隆路一段 178 號 10 樓
電　　話／(02)27666759 轉 5107
傳　　真／(02)27567914
郵撥帳號／17623526 聯合文學出版社股份有限公司
登 記 證／行政院新聞局局版臺業字第 6109 號
網　　址／http://unitas.udngroup.com.tw
E-mail:unitas@udngroup.com.tw

印 刷 廠／鴻霖印刷傳媒股份有限公司
總 經 銷／聯合發行股份有限公司
地　　址／新北市新店區寶橋路 235 巷 6 弄 6 號 2 樓
電　　話／(02)29178022

出版日期／2016 年 6 月　　初版
定　　價／330 元

本書由桃園市立圖書館補助出版

ISBN 978-986-323-168-4（平裝）